KUN JE EXPLODEREN ALS JE EEN SCHEET INHOUDT?

BIJZONDERE VRAGEN EN FASCINERENDE ANTWOORDEN VOOR TIENERS

LAUREN CLEARWELL

1

INTRODUCTIE

Oké, laten we één ding duidelijk maken voordat we aan deze rare en fantastische rit beginnen. De waarheid is dat je ervoor hebt gekozen dit boek te lezen omdat je een tiener bent met een heleboel geweldige vragen waar je graag antwoorden op wilt vinden. Niet letterlijk natuurlijk. Toegegeven, deze vragen lijken misschien een beetje vreemd, maar zelfs rare vragen verdienen echte antwoorden!

Je briljante jonge geest zit waarschijnlijk vol met fantastische vragen die in je op kunnen komen terwijl je probeert je huiswerk te ontwijken of zelfs wanneer je naar het plafond staart. Deze vragen kunnen variëren van, *Waarom klinkt mijn stem zo raar als ik mezelf opneem?* tot, *Als ik een scheet inhou, ontplof ik dan?* Ja, je bent nieuwsgierig, en raad eens? Dat is geweldig en maakt deel uit van wat jou uniek maakt, en hé, hier wordt niet geoordeeld!

Dus, laat me beginnen met dit te zeggen: je bent niet alleen. Mensen van alle leeftijden hebben soms rare, verbijsterende vragen, zoals, *Waarom moeten we lachen als iemand struikelt?* of, *Kun je echt niezen met je ogen open?* Laten we eerlijk zijn: dit zijn de soort vragen waar iedereen even van blijft staan en over nadenkt.

Nou, het goede nieuws is dat *Maakt het inhouden van een scheet je kapot: Nieuwsgierige vragen en intrigerende antwoorden voor tieners* jouw gouden ticket is om antwoorden te vinden op sommige van de gekke mysteries van het leven die je niet helemaal kunt verklaren. Maar voordat je denkt, *Is dit een wetenschapsboek?*, maak je geen zorgen; dit is geen saaie verzameling droge feiten. Nee, absoluut niet! Dit boek staat vol met hilarische antwoorden en alles wat je moet weten over enkele van de eigenaardigheden van het leven. Je zult een aantal behoorlijk coole dingen ontdekken die je vrienden zullen laten zeggen, 'Wacht, is dat echt waar?' of, 'Waar heb je dat uitgevonden?'

En hier is het ding: nieuwsgierig zijn is een van de beste aspecten van tiener en mens zijn. Dus waarom ga je er niet gewoon voor en vul je je hoofd met kennis? Kies ervoor om je authentieke zelf te zijn en ontdek alle rare, fantastische en volstrekt maffe dingen in het leven waar sommige mensen wel over nadenken, maar nooit durven te bespreken of naar antwoorden te zoeken.

Het is belangrijk om te weten dat het stellen van vragen iets is waar je trots op mag zijn. En raad eens? Hoe raarder de vraag, hoe beter! Je bent immers niet zomaar een tiener; je bent een toekomstige triviameester. Dus maak je vast en bereid je voor op een van de raarste, grappigste en meest vermakelijke ritten door enkele van de vreemdste vragen van het leven die je ooit zult maken.

Of je nu kiest om dit boek te lezen voor de lach, de trivia, of gewoon om je vrienden te imponeren met verbluffende feiten, het staat vol met alles wat je nodig hebt. Ga dus vol vertrouwen aan de slag, wees trots op je nieuwsgierigheid en laten we samen wat van 's werelds vreemde vragen en nog vreemdere antwoorden verkennen. Laat het feest beginnen!

DEEL I

HET VREEMDE EN RARE MENSELIJK LICHAAM

1

WAAROM ZIJN MENSEN ZO COMFORTABEL MET DE GEUR VAN HUN EIGEN SCHETEN?

H ier is een stinkend mysterie: Waarom storen we ons niet aan de geur van onze eigen scheten? Het is alsof ze VIP-status hebben verdiend in de wereld van geuren. Wat is hier aan de hand? Nou, het komt allemaal neer op vertrouwdheid. Je lichaam is gewend aan zijn eigen natuurlijke geuren.

Wanneer je een scheet laat, zegt je brein eigenlijk: *Ik heb erger geroken-dit is echt geen big deal.* Dit is gewoon onderdeel van de hele *mens zijn* ervaring, net zoals je niet de geur van je eigen kamer erg vindt, zelfs als het een beetje muf is, omdat je eraan gewend bent.

Maar wanneer iemand anders er een laat gaan? Dat is een heel ander verhaal. Je brein weet niet wat er komt en schakelt direct over naar de *Wat in hemelsnaam is dat?* modus. Het is als het verschil tussen je favoriete nummer horen en plotseling overspoeld worden met iemand anders' willekeurige afspeellijst. De onbekendheid overvalt je als een verrassingsaanval, en je zintuigen zijn er niet echt op voorbereid.

Scheten bestaan uit gassen zoals stikstof, zuurstof en kool-stofdioxide-stoffen die volledig onschadelijk voor je zijn. Omdat jij degene bent die deze gassen produceert, ziet je brein ze niet als een bedreiging. Maar wanneer andere mensen scheten laten, is hun unieke chemische mix minder bekend, alsof hun scheet's afspeellijst niet helemaal matcht met jouw vibe.

Uiteindelijk draait het allemaal om comfort en vertrouwd-heid. *Je eigen scheten?* Die zijn gewoon een ander deel van jou. *Die van iemand anders?* Een plotwending waar je niet om hebt gevraagd. Maar ach, ga er mee om-het is tenslotte je eigen *geur*, en jij bent de maker hiervan!

2

IS HET MOGELIJK OM TE NIEZEN
MET JE OGEN OPEN?

Het korte antwoord op deze intrigerende vraag is ja, het is mogelijk om te niezen met je ogen open. Dat gezegd hebbende, is het waarschijnlijk belangrijk om toe te voegen dat de meeste mensen dit niet proberen, en de gedachte komt waarschijnlijk ook niet bij hen op. Wanneer je niest, voert je lichaam in feite een krachtige reset uit die je neus en luchtwegen vrijmaakt van ongewenste irriterende stoffen.

Veel van de reflexen van het menselijk lichaam komen in actie wanneer je niest, inclusief het automatisch sluiten van je ogen. Het is een natuurlijke reactie die helpt voorkomen dat bacteriën of deeltjes je ogen binnendringen.

Je zou kunnen proberen te niezen met je ogen open, maar het zal waarschijnlijk behoorlijk ongemakkelijk aanvoelen. De spieren die de oogbewegingen en het knipperen controleren, zijn verbonden met de spieren die je gebruikt wanneer je niest. Dus wanneer je niest, kunnen de kracht en druk het bijna onmogelijk maken om je ogen open te houden, tenzij je er echt moeite voor doet.

Maak je dus geen zorgen. Je loopt niet het risico dat je oogbollen eruit vliegen wanneer je niest. Dus hoewel het fysiek mogelijk is om te niezen met je ogen open, is het waarschijnlijk het beste om ze te laten sluiten - je lichaam weet tenslotte wat het doet!

3

WAAROM HEBBEN WE WENKBRAUWEN EN WAT IS HUN FUNCTIE?

Wenkbrauwen zijn er niet alleen om je expressiever te laten lijken of om je de perfecte *wenkbrauwlook* te geven op sociale media. Hoewel, laten we eerlijk zijn: dat is wel een deel van hun charme! De belangrijkste functie van wenkbrauwen is eigenlijk om een van je meest kostbare geschenken te beschermen: je ogen. Je kunt ze zien als sierlijke schildjes die zweet, water en stof weg leiden. Het is alsof je wenkbrauwen zeggen: 'Nee, vandaag niet, regen!' of 'Blijf in beweging, zweet!' zodat je zicht kristalhelder blijft op de momenten dat je het het meest nodig hebt.

Maar wacht, er is meer! Wenkbrauwen helpen je ook om te communiceren zonder een woord te zeggen. Misschien had je het nog niet eerder door, maar het is belangrijk om aandacht te besteden aan wenkbrauwen. Ze bewegen wanneer iemand geschokt, verward of zelfs diep in gedachten is. Je wenkbrauwen zijn een soort ingebouwd emoji-systeem van je gezicht. Denk eens terug aan de laatste keer dat je verrast werd. Merkte je toen dat je je wenkbrauwen optrok in verbazing? Nee, dat is geen vreemde reflex; dat zijn je wenkbrauwen die hun werk doen om je te helpen jezelf beter uit te drukken.

En nog iets dat je misschien zal verrassen: je wenkbrauwen spelen een zeer belangrijke rol bij het helpen van anderen om je gezicht te herkennen. Ja, je leest het goed! Je hebt je eigen ingebouwde high-tech gezichtsherkenningssysteem. Laten we er maar eerlijk over zijn: niemand zal je met een ander verwarren als ze je kenmerkende wenkbrauwoptrekken zien!

Dus hoewel je wenkbrauwen misschien geen superkrachten hebben, zijn ze zeker nuttiger dan alleen maar stijlvol te zijn. Ze zijn de stille helden van je gezicht – ze beschermen je ogen, uiten je emoties en zorgen ervoor dat mensen weten dat jij het bent!

4

WAAROM DROMEN WE, EN HEBBEN ZE VERBORGEN BETEKENISSEN?

Dromen. Zijn ze een avontuurlijke verkenning van je onderbewustzijn of gewoon je brein dat een nachtelijk feestje viert? Eerlijk gezegd weet niemand het echt. Wat we *wel* weten, is dat dromen eigenlijk de manier zijn waarop je brein de chaos van de dag doorneemt, maar in plaats van het netjes te doen, gooit het alles door elkaar en plotseling rijd je op een eenhoorn op topsnelheid door een drukke supermarkt.

Maar dromen gaan niet alleen over interessante verhaallijnen; ze helpen je om emoties, herinneringen en alle willekeurige dingen in je hoofd te verwerken. Het is alsof je brein besluit: *Oké, tijd om op te ruimen!*-alleen in plaats van dingen netjes te ordenen, verandert het je stress in een volwaardige actiefilm waarin jij de hoofdrol speelt.

Dus, hebben dromen eigenlijk *betekenis*? Sommige onderzoekers denken dat ze je helpen om onopgeloste gevoelens te verwerken. Dus als je droomt dat je op school verschijnt in niets anders dan je favoriete glow-in-the-dark ondergoed, probeert je brein je misschien te vertellen dat je veel meer gestrest bent dan je zou moeten zijn. Of misschien haalt het gewoon grapjes met je uit.

Anderen denken dat dromen gewoon de manier zijn waarop je brein willekeurige gedachten een betekenis geeft, wat zou verklaren waarom je ineens een taco-vormig ruimteschip bestuurt. Misschien voel je je avontuurlijk-of misschien heeft je brein gewoon een vreemd gevoel voor humor. Hoe dan ook, of je dromen nu een verborgen betekenis hebben of niet, ze maken slaap zeker interessanter. Denk alleen niet te veel na over die ene droom waarin een reusachtige pannenkoek je achtervolgt.

WAT IS OCHTENDADEM?

Ah, je bent waarschijnlijk wel bekend met ochtendadem. Je zou kunnen zeggen dat dit voor de meeste mensen een van de minst favoriete delen van het opstaan in de ochtend is. Dus, wat gebeurt er nou echt daarbinnen? Om eerlijk te zijn, het draait allemaal om bacteriën.

Als je diep in slaap bent, gaat je hele lichaam, inclusief je mond, in *rustmodus*, en vertraagt de speekselproductie. Dit betekent dat er terwijl je slaapt minder van dat natuurlijke mondwater is om alles fris te houden in je mond, waardoor de bacteriën druk aan de slag gaan terwijl je mond rust en zich voeden met achtergebleven voedseldeeltjes. Het resultaat? Die heerlijke ochtendadem.

Ochtendadem kan je een beetje beschaamd laten voelen, maar het is echt niets waar je je zorgen over moet maken; het is een volkomen normaal onderdeel van het zijn van de geweldige mens die je bent! Iedereen heeft het, zelfs degenen die vol trots beweren dat ze nog nooit een slechte adem hebben gehad. De realiteit is dat het 's ochtends gewoon erger is omdat de bacteriën in je mond zoveel uren de tijd hadden om een ongecontroleerd feestje te vieren terwijl je sliep, en je mond geen kans kreeg om op te frissen.

Maar waarom ruikt het zo vies? Nou, die hongerige bacteriën produceren zwavelverbindingen terwijl ze achtergebleven voedsel afbreken, en die verbindingen zijn wat die "ieuw"-geur aan ochtendadem geven. Dus als je adem ruikt alsof er iets in je mond is doodgegaan, is dat gewoon de manier van je lichaam om te zeggen: *We hebben een wilde nacht achter de rug! Bedankt!*

Gelukkig is ochtendadem iets dat je vrij eenvoudig kunt verhelpen door je tanden te poetsen, mondwater te gebruiken en water te drinken als je wakker wordt. Dus de volgende keer dat je wakker wordt met die gevreesde ochtendadem, onthoud dan gewoon: het is de manier van je lichaam om je enthousiast te begroeten in de ochtend met een heel unieke: *Wakker worden zonneschijn! Tijd om te poetsen!*

6

KUNNEN MENSEN ECHT SPONTAAN ONTBRANDEN?

D it is weer een behoorlijk fascinerende vraag. Het antwoord op die vraag is 'nee'. Hoe cool en mogelijk angstaanjagend het ook klinkt in films, het idee dat je zomaar random in vlammen kunt opgaan, is iets waar je in het echte leven niet bang voor hoeft te zijn.

Spontane menselijke verbranding (SHC) is 'het idee dat iemand plotseling vlam kan vatten zonder duidelijke oorzaak', zoals een freakongeval of een of andere onverklaarbare magie. Klinkt dramatisch, toch? Er is echter geen hard bewijs dat dit fenomeen van nature voorkomt. Wat er in deze zeldzame gevallen waarschijnlijk gebeurt, is dat een kleine vonk of vlam het vuur aanwakkert, waarna het vet in het menselijk lichaam fungeert als een gigantische lont, waardoor het sneller verbrandt. Het is geen spontane verbranding; het lijkt meer op een BBQ die vreselijk misging, waar niemand voor het feestje was uitgenodigd en er geen marshmallows waren.

Dus, maak je geen zorgen dat je in een menselijke fakkel verandert terwijl je je favoriete Netflix-serie bingewatcht. Als

je het warm hebt, komt dat waarschijnlijk omdat je de venti-
lator of airconditioning bent vergeten aan te zetten—niet
omdat je op het punt staat spontaan in vlammen op te gaan.
En als je je zorgen maakt over die kaarsen of aanstekers die
in huis rondslingeren, is het een goed idee om dit boek even
neer te leggen en ze veilig buiten handbereik te zetten.
Behalve dat, is de kans veel groter dat je een vreselijke
zonnebrand oploopt dan dat je spontaan ontbrandt.

WAAROM KLINKEN STEMMEN ANDERS OP OPNAMES?

Heb je ooit met nieuwsgierigheid geluisterd naar een opname van je eigen stem en gedacht, *Wie is dat in vredesnaam?* Zo niet, dan is het hoog tijd dat je dat doet, want je zult versteld staan—niet letterlijk natuurlijk. Naar je eigen stem luisteren op een opname kan aanvoelen alsof je een volslagen vreemde hoort praten. Maak je geen zorgen; je wordt echt niet gek. Je stem klinkt inderdaad anders op opnames, en dat is eigenlijk best grappig als je erover nadenkt.

Maar waarom gebeurt dat? Nou, als je praat, bereikt je stem je oren op twee manieren. Ten eerste, zoals je zou verwachten, is er het geluid dat door de lucht reist. Maar er is ook geluid dat van binnenuit je hoofd komt! Ja, je leest het goed —van binnenuit je hoofd. Zonder dat je het doorhebt, trilt je schedel, en die trillingen dragen een vollere, diepere versie van je stem over naar je binnenoor. Dus als je jezelf hoort, is het alsof je een speciale VIP-pas krijgt voor de *volledige, luxe editie* van je eigen stem.

Als je naar een stemopname van jezelf luistert, pikt de microfoon alleen het geluid op dat van buiten je hoofd komt —de luchtversie. Er zijn geen extra schedeltrillingen en geen extra diepte. Daarom klinkt je opgenomen stem vaak iets hoger of dunner dan wat je gewend bent te horen. Je hoort in feite de *radioversie* van jezelf, niet de 3D-ervaring die je in het echte leven hebt.

Raad eens? Microfoons hebben ook hun eigen unieke eigen-aardigheden. Ze kunnen bepaalde aspecten van je stem benadrukken, zoals je hoge noten of dat eigenaardige geluid dat je maakt als je het woord *eekhoorn* zegt. Daarom kunnen opnames je soms laten klinken als een heel ander persoon, waardoor je je afvraagt: *Ben ik dat echt?* Dus de volgende keer dat je ineenkrimpt bij het geluid van je eigen stem op een opname, onthoud dan gewoon: het ligt niet aan jou; het is de wetenschap—en misschien is de microfoon gewoon geen fan van je unieke stembereik!

WAT GEBEURT ER ALS JE VOET IN SLAAP VALT?

Heb je ooit een tijdje gezeten en opeens het gevoel gehad dat je voet een raar, gevoelloos, stom klompje was geworden dat niet meer bij je hoorde? Je probeert hem te bewegen, maar het is alsof hij besloten heeft een dutje te doen zonder eerst toestemming te vragen. Dus, wat gebeurt er eigenlijk als je voet in slaap valt?

Nou, het is eigenlijk geen mysterieuze slaap; het is meer alsof je voet een klein driftbui heeft omdat hij niet de aandacht krijgt die hij nodig heeft. Dit gebeurt wanneer je druk uitoefent op bepaalde zenuwen of bloedvaten. Dit gebeurt meestal als je in een ongemakkelijke houding zit of je benen over elkaar slaat. Wanneer die druk toeneemt, kan het de bloedtoevoer afsnijden en de zenuwsignalen naar je voet verstoren. Je hersenen beginnen verkeerde berichten te ontvangen, en dat is wanneer je dat rare tintelende gevoel begint te voeren dat we allemaal kennen en misschien zelfs op een vreemde manier wel leuk vinden.

Dat gevoel wordt paresthesie genoemd. Het is de manier van je lichaam om te zeggen: *Hé, ik ben een beetje te lang van zuurstof en voedingsstoffen beroofd geweest; kun je alsjeblieft bewegen zodat ik wakker kan worden?* Wanneer je eindelijk van houding verandert en het bloed weer naar je voet laat stromen, beginnen de zenuwen weer goed te werken, en daarom voel je dat *tintelende* gevoel. Het is alsof je voet zegt: *Jeej, eindelijk, ik kan weer voelen!*

Dus, hoewel het superirritant is, is het eigenlijk gewoon je lichaam dat dramatisch doet. Het goede nieuws is dat het onschadelijk is—het is gewoon een kleine herinnering van je voet om hem wat liefde te geven en die ongemakkelijke houding niet te lang vol te houden.

WAAROM VOELT NIEZEN ZO GOED?

Heb je ooit gemerkt dat niezen op een rare manier bevredigend aanvoelt? Dat gevoel waarbij je even een nies hebt ingehouden en dan, *boem*-je lichaam krijgt eindelijk zijn moment van glorie, en het voelt alsof er een minifestival in je hoofd plaatsvindt. Maar waarom voelt niezen zo goed? Is het een soort verborgen plezier waar niemand ons over heeft verteld?

Het blijkt dat niezen een manier is van je lichaam om op de *reset*-knop te drukken. Wanneer je niest, ruimt je lichaam irriterende stoffen op-of het nu stof, pollen of gewoon een vreemd kriebeltje in je neus is. Maar hier is het ding: het gaat niet alleen om het verwijderen van die irriterende stoffen. Het gevoel van opluchting en vrijlating maakt allemaal deel uit van het plezier. Niezen activeert allerlei spieren in je gezicht, borst en zelfs je buik. Het is alsof je lichaam een mini-workout doet, en je daarna dat *ahhh*-gevoel overhoudt.

Maar wacht, er is nog meer! Niezen laat eigenlijk een uitbarsting van endorfines vrij-dezelfde feelgood-chemicaliën die vrijkomen wanneer je sport of lacht. Deze endorfines zijn de manier van je brein om je een high five te geven nadat de nies voorbij is. Het is eigenlijk de manier van je lichaam om te zeggen: *Hey, je hebt goed werk geleverd door je neus schoon te maken; hier is een klein beloningetje!*

Daarom voelt niezen soms zo geweldig-je krijgt een snelle golf van opluchting, een boost van endorfines en, laten we eerlijk zijn, een fantastisch gevoel van voldoening. Het is alsof je lichaam zojuist de verversknop van je hele systeem heeft ingedrukt. Dus de volgende keer dat je niest, neem even de tijd om het minifestival te waarderen dat je lichaam speciaal voor jou organiseert. Je verdient het!

10

WAAROM KRIJGEN WE KIPPENVEL?

Je hebt vast wel eens die momenten meegemaakt waarin je plotseling een rilling krijgt en je huid bedekt wordt met kleine bultjes, alsof je lichaam veranderd is in een menselijke speldenkussentje. Je weet wel, dat onmiskenbare kippenvel? Het is alsof je lichaam een boodschap probeert te sturen, maar de boodschap is een beetje, laten we zeggen, verwarrend. Dus, waarom krijgen we eigenlijk kippenvel?

Nou, geloof het of niet, kippenvel is eigenlijk een overblijfsel van onze harige voorouders. Ja, voordat we evolueerden naar de gladde mensen die we nu zijn, hadden onze holbewonerachtige familieleden vacht die hen warm en knus hield en hen groter deed lijken dan ze waren. Als ze het koud hadden, gingen de haren op hun lichaam recht overeind staan om meer lucht vast te houden en hen warm te houden. Dus als jij kippenvel krijgt, doet je lichaam eigenlijk zijn beste impressie van een koude, harige voorouder die probeert warm te blijven-behalve dat wij nu geen vacht meer hebben.

Maar kippenvel krijg je niet alleen als je het koud hebt! Het verschijnt ook wanneer je sterke emoties voelt, zoals angst of opwinding, of wanneer je naar een geweldig liedje of verhaal luistert. Dit staat bekend als de vecht-of-vluchtreactie-je lichaam bereidt zich voor op iets intens, alsof je ofwel je volgende wetenschapstoets gaat knallen of op Olympische snelheid wegrent van een grizzlybeer. De kleine spiertjes aan de basis van je haarzakjes trekken samen, en dit zorgt ervoor dat de bultjes ontstaan. Het is alsof je lichaam zegt: *Ik weet niet of ik bang, opgewonden of gewoon super in de war moet zijn, dus ik ga dit gewoon doen!*

Dus, hoewel kippenvel tegenwoordig niet echt meer veel nut heeft, is het een grappige herinnering aan hoe uniek ons lichaam is en dat het nog steeds oude trucs uit het verleden vasthoudt—en soms gewoon een leuke reactie is op dingen die onze emoties opzwepen.

WAAROM WORDEN JE VINGERS RIMPELIG IN WATER?

Als je tijd doorbrengt met relaxen in het zwembad of een lang bad neemt, kun je ineens merken dat je vingers eruitzien alsof ze auditie doen voor de rol van een oud, wijs wezen in een scifi-film. Het is alsof ze veranderen van glad en strak naar iets wat eerder thuishoort in een reclame voor rozijnen op televisie dan op je lichaam. Maar waarom gebeurt dit? Probeert je lichaam je gewoon een glimp te geven van hoe je eruit zult zien als je 99 jaar oud bent? Niet helemaal!

Het blijkt dat rimpelige vingers niet zomaar een vreemd bijeffect zijn van te lang in het water zitten; er is eigenlijk een reden voor. Je lichaam doet hier iets slims. Als je vingers – en misschien zelfs je tenen – rimpelig worden in water, is dat een reactie van je zenuwstelsel. Kijk, je lichaam is super slim, en geloof het of niet, dit rimpelen kan je zelfs helpen om dingen beter vast te grijpen. Het is alsof je vingers een natuurlijk paar waterbestendige handschoenen krijgen!

Vroeger dachten wetenschappers dat het rimpelen gewoon het gevolg was van je huid die water opneemt en op een vreemde manier opzwelt. Uit onderzoek blijkt nu echter dat het eigenlijk een best slim overlevingstrucje is. De rimpels zorgen voor meer oppervlakte, wat helpt om natte, gladde voorwerpen beter vast te pakken – een beetje zoals het profiel van een band. Cool, toch? Dus als je een holbewoner was die voedsel verzamelde in een natte omgeving, zouden je rimpelige vringen je een betere greep geven op stenen, planten of wat je ook probeerde vast te pakken.

Hoewel we het tegenwoordig misschien niet meer nodig hebben om te overleven, is het toch een grappig klein herinnering aan hoe onze lichamen zich vroeger aanpasten. En laten we eerlijk zijn: wie geniet er nou niet van een goed rimpelige-vinger-moment om zich extra interessant te voelen in het zwembad of na een bad?

WAT IS DE ECHTE FUNCTIE VAN DE HUIG?

D e wat? Nou, je kent dat kleine *dingetje* dat heen en weer zwiert helemaal achterin je keel als je 'Ahh' zegt? Ja, dat wordt de huig genoemd—en nee, hij is er niet alleen om eruit te zien als een vreemd ornament of om je raar te laten klinken als je probeert te zingen. Dus, wat is de echte functie van dit mysterieuze stukje vlees dat gewoon in je keel hangt?

Geloof het of niet, de huig heeft eigenlijk een behoorlijk belangrijke taak. Hij is er niet alleen om je in verlegenheid te brengen als je in het openbaar probeert te spreken of om je zelfbewust te maken over hoe je eruitziet als je gaapt. Een van zijn belangrijkste taken is om te helpen bij het slikken, vooral door te voorkomen dat eten en drinken je neus in gaan. Weet je nog, die ene keer dat je iets probeerde te drinken en het per ongeluk uit je neus schoot? Ja, dat is de huig aan het werk, die ervoor zorgt dat dat niet gebeurt— meestal tenminste.

Maar dat is niet alles! De huig helpt ook bij het spreken door je te ondersteunen bij het uitspreken van bepaalde klanken. Hij helpt de luchtstroom en trillingen in je mond en keel te controleren, waardoor hij een cruciaal onderdeel is van duidelijk spreken. Het is de onbezongen held van je stembanden, die stilletjes zijn werk doet zodat jij kunt blijven praten zonder als een warboel te klinken.

Dus, hoewel het misschien lijkt alsof het gewoon een willekeurig stukje iets is dat daar hangt, is je huig eigenlijk een belangrijke speler bij het slikken, spreken en ervoor zorgen dat je niet per ongeluk je avondeten inademt. Het is de onbezongen kampioen van je keel, die zijn ding doet zonder ooit om een bedankje te vragen!

IS ER EEN WETENSCHAPPELIJKE
REDEN ACHTER KIETELIG ZIJN?

Stel, je leest een geweldig boek, helemaal ontspannen, en plotseling prikt iemand je in je zij. Meteen draai je je om en barst je in onbedaarlijk gelach uit. Wat is er net gebeurd? Je werd overvallen door kieteligheid.

De wetenschap vertelt ons dat er twee soorten kietelen zijn. *Knismesis* is het lichte, tintelende gevoel, alsof er een insect op je landt of een veer langs je strijkt. Het kan je een beetje laten kronkelen, maar meestal barst je er niet van in lachen uit. Dan is er *gargalesis*, het soort dat je aan het lachen maakt als iemand je ribben, voeten of oksels kietelt.

Als je gekieteld wordt, stuurt je huid signalen rechtstreeks naar je hersenen, die snel beslissen of de sensatie gevaarlijk is of gewoon speels, en die vervolgens je lach-en-wriemelre-actie activeren. Probeer jezelf maar eens te kietelen, en er gebeurt niets—je hersenen weten al wat je van plan bent en stoppen de reactie.

Sommige wetenschappers denken dat kieteligheid een over-levingstruc is, omdat je meest kwetsbare plekken ook het meest kietelig zijn. Anderen zeggen dat het draait om binding—baby's lachen als hun ouders ze kietelen, en vrienden hebben kietelgevechten gewoon voor de lol. Kortom, kieteligheid is de vreemde manier van je hersenen om je veilig te houden en je aan het lachen te maken, ook al maakt het je soms een beetje gek.

14

WAT GEBEURT ER ALS JE OREN PLOTSELING 'PLOPPEN' IN EEN VLIEGTUIG?

H et oorplopende gevoel - dat gevoel waardoor je je hoofd in een kussen wilt drukken tot het stopt. Je vliegt op 30.000 voet, geniet van je snack aan boord, en plotseling: plop! Opeens voelt het alsof je oren volgestopt zijn met watten. *Wat gebeurt er daar binnen? Gaan je oren kapot? Koesteren ze stiekem een wrok tegen je?*

Nee, het is gewoon je lichaam dat zijn werk doet om je comfortabel te houden, ook al voelt het een beetje vreemd. Als je vliegt, verandert de luchtdruk in de cabine terwijl je stijgt of daalt. Je oren zijn als kleine drukgevoelige sensoren, en wanneer de druk in de cabine niet overeenkomt met de druk in je middenoor, rekt je trommelvlies uit om alles in evenwicht te brengen. Dit resulteert in dat ploppende geluid - en eerlijk gezegd, het is gewoon je lichaam dat probeert het evenwicht te bewaren.

Normaal gesproken zijn je oren best goed in het beheren hiervan. Je *buis van Eustachius* is 'die kleine doorgang die je middenoor verbindt met de achterkant van je neus en keel, en helpt de druk te reguleren.' Maar soms, vooral als je verkouden bent, verstopt bent, of gewoon op hoge snelheid vliegt, kunnen die buisjes een beetje geblokkeerd raken. Dat is wanneer je die opbouwende druk voelt en je je oren moet laten ploppen.

Om het proces te versnellen, kun je proberen te slikken, te gapen of zachtjes uit te ademen terwijl je je neus dicht-knijpt. Vergeet niet niet te hard te blazen - er is geen reden om een drukprobleem te creëren. Dit helpt je buis van Eustachius open te gaan en de druk in evenwicht te brengen.

Dus, hoewel oorploppen misschien een beetje dramatisch klinkt, is het eigenlijk gewoon de manier van je lichaam om te zeggen: *Ik heb dit onder controle - laat mij de druk maar regelen.* Als de snacks in het vliegtuig maar net zo goed waren in het omgaan met druk als je oren!

15

KUN JE ZO VEEL ZWETEN DAT JE UITGLIJDT OVER JE EIGEN LICHAAM?

Dit klinkt misschien als iets dat alleen in grappige tekenfilms gebeurt, maar als je ooit een gymles op een warme dag hebt overleefd, dan *weet* je de struggle. Het ene moment ben je die burpees aan het afmaken, en het volgende moment-*whoop!*-glijdt je hand onder je vandaan alsof je net op een stuk zeep bent gestapt gemaakt van... nou ja, van jezelf.

Dus, wat is er aan de hand? Ten eerste, als je een mens bent, zweet je! De hoeveelheid zweet kan sterk variëren van persoon tot persoon, maar gemiddeld verliezen de meeste mensen tussen de 0,5-2 liter zweet per uur tijdens het sporten. Zelfs op rustige, nauwelijks bewegende dagen kan je lichaam nog steeds ongeveer 3 liter afgeven-alleen al door te bestaan. Dus ja, zelfs als je heel weinig fysieke activiteit doet, kun je lekken als een druppelende kraan.

Meestal zuigen je kleren het op, of verdampt het gewoon. Maar als je shirtloos bent, op blote voeten, of op een gladde ondergrond sport, is uitglijden in je eigen zweet echt mogelijk. Niet gebruikelijk-maar zeker mogelijk.

Als je iemand bent die *heel veel* zweet, zelfs als je niet veel
beweegt, dan heb je misschien iets dat hyperhidrose heet.
Dat is gewoon een chique naam voor overmatig zweten dat
gebeurt wanneer je zweetklieren niet weten wanneer ze
moeten stoppen. Het is heel echt, best frustrerend, en ja, het
kan je uitglijdrisico flink verhogen. Mensen met hyperhidrose staan erom bekend dat ze shirts en schoenen door-
weken en af en toe kleine plasjes achterlaten.

Dus, kun je uitglijden over je eigen lichaam? Ja, het is niet
iets dat elke dag gebeurt, maar het is zeker geen mythe,
vooral niet als je lichaam in volle sproeimodus staat. Nog
een reden om een handdoek mee te nemen en misschien
zelfs te heroverwegen om push-ups te doen op opper-
vlakken waar je op kunt uitglijden als ze nat zijn.

DEEL II

VREEMDE REACTIES EN ALLEDAAGSE EIGENAARDIGHEDEN

16

WAAROM MOETEN WE LACHEN ALS IEMAND VALT?

Iemand struikelt, wankelt of maakt een duikeling, en opeens doe je je uiterste best om niet in lachen uit te barsten. Het lijkt alsof je lichaam er niets aan kan doen, ook al maak je je misschien zorgen of ze pijn hebben. *Waarom moeten we dan lachen als iemand valt? Zijn we stiekem allemaal sadistisch, of speelt er iets diepers?*

Nou, het blijkt dat hier een psychologische reden achter zit, en het is niet omdat je gemeen bent. Wanneer iemand valt, activeert dat iets wat de *incongruiteitstheorie* wordt genoemd —kort gezegd vinden onze hersenen het grappig als dingen niet gaan zoals verwacht. In ons dagelijks leven zijn we gewend om mensen rechtop en normaal rond te zien lopen. Dus als iemand valt, is dat een onverwacht moment, en onze hersenen vinden dat verrassend, ook al weten we dat het waarschijnlijk onschadelijk is. Het is alsof je hersenen zeggen: *Whoa, dat was echt niet de bedoeling... maar het is gebeurd. En nu weet ik niet hoe ik moet reageren, dus ik lach het maar weg.*

Maar hier zit het grappige: We lachen ook omdat we opge-lucht zijn. Wanneer iemand valt, is er dat kleine momentje waarin we allemaal denken: *O nee, gaat het wel goed met ze?* Maar als ze meteen weer opstaan alsof er niets gebeurd is, stroomt de opluchting binnen en kunnen we niet anders dan lachen om de gekheid ervan. Het is alsof lachen de manier van ons lichaam is om de spanning los te laten die met de val gepaard ging.

Dus hoewel het misschien lijkt alsof we allemaal harteloze giechelaars zijn, is lachen eigenlijk een natuurlijke reactie op een mix van verrassing, opluchting en, eerlijk gezegd, de pure absurditeit van het zien van iemand die opeens deel wordt van de vloer. Vergeet alleen niet eerst te checken of het goed met ze gaat—dan kun je zonder schuldgevoel giechelen.

WAAROM DENKEN MUGGEN DAT JIJ EEN VIJFSTERRENMAALTIJD BENT TERWIJL ANDEREN MET RUST WORDEN GELATEN?

De kleine, zoemende vampiertjes van de natuur die maar niet genoeg kunnen krijgen van het bloed van sommige mensen: de beruchte muggen. Je zit lekker buiten of binnen, en plotseling, *zap!* Iemand anders wordt aangevallen terwijl jij met rust wordt gelaten. *Waarom hebben muggen een voorkeur voor sommige mensen boven anderen? Zijn ze gewoon slecht in het maken van vrienden, of zit er een methode achter hun zoemende waanzin?*

Nou, het blijkt dat muggen nogal kieskeurig zijn als het om hun maaltijden gaat. Ze kiezen niet willekeurig wie ze gaan bijten; ze hebben voorkeuren, en die voorkeuren worden eigenlijk ondersteund door de wetenschap. Ten eerste worden muggen aangetrokken door koolstofdioxide, iets wat we allemaal uitademen. Dus als je ademt als een marathonloper na een paar sprintjes, ben je misschien een hoofddoelwit. Maar het gaat niet alleen om hoeveel lucht je uitademt; muggen zijn ook dol op bepaalde geuren die je huid en zweet produceren. Stoffen zoals melkzuur, urinezuur en ammoniak—lekker, hè?—kunnen ervoor zorgen dat je ruikt als een vijfsterrenbuffet voor muggen.

Maar wacht, er is meer! Als je een hogere lichaamstemperatuur hebt of meer lichaamswarmte produceert, worden muggen naar je toegetrokken als een mot naar een vlam. Dus als je altijd de warmste persoon in de kamer bent of van nature zweterige voeten hebt, gefeliciteerd! Je bent waarschijnlijk de VIP van de muggenwereld.

En hier is een leuk feitje: Sommige mensen produceren van nature meer van de stoffen waar muggen dol op zijn, terwijl anderen een soort *all-you-can-eat buffet* voor muggen zijn. Het is niet persoonlijk; muggen hebben gewoon hun voorkeuren, en helaas zijn sommigen van ons wandelende, zoemende muggenmagneten.

Dus de volgende keer dat je buiten bent en iedereen wordt aangevallen terwijl jij rustig je ijsthee drinkt, onthoud dan: Het is niet dat je beter bent dan de rest; het is gewoon dat je een beetje minder smakelijk bent voor muggen. Geluksvogel!

WAAROM MAKEN ONZE BUIKEN HET MEESTE LAWAAI ALS WE STIL ZIJN?

En moment van gêne: het onverwachte buikgerommel. Je bent aan het chillen met je vrienden, of misschien zit je in de klas, en dan opeens-*bam*-besluit je buik zich te laten horen, alsof hij auditie doet voor een rol in een jungle-documentaire. Het lijkt wel alsof dit altijd op het meest ongelukkige moment gebeurt, toch? Maar waarom maakt je buik dit dramatische geluid juist als je muisstil bent?

Nou, de reden dat je buik gromt, is dat die je er eigenlijk aan herinnert dat hij honger heeft en wacht op eten. Wanneer het stil is, is er minder omgevingsgeluid om het gerommel van je maag en darmen te overstemmen, en dus valt het veel meer op. Zie het maar als de manier van je lichaam om te zeggen: *Hé, jij, ik ben hier hard aan het werk! Kun je me een snack geven of zo? Iets alsjeblieft?*

Die grommen komen voor wanneer je maag en darmen voedsel proberen te verwerken, zelfs als er niets is om te verwerken. Het is alsof je spijsverteringssysteem zich verveelt en even een controle wil uitvoeren om te kijken of alles nog werkt.

Daarnaast gaat het niet alleen om honger. Soms gaat je maag in de *controlemodus* om te kijken of er binnenkort eten aankomt. Het lijkt wel alsof je maag het spelletje *Laten-we-kijken-of-iemand-me-opmerkt* speelt. Omdat het meestal gebeurt als het stil is, valt het meteen op. Het geluid lijkt veel harder in een rustig moment, vooral in de klas of wanneer je met vrienden bent.

Dus, de volgende keer dat je buik je aan zijn behoeften en aanwezigheid herinnert, weet dan dat hij gewoon je aandacht probeert te trekken. Geen groot ding-iedereens buik maakt wel eens rare geluiden. Lach erom, pak een snack en ga verder!

19
___

KUN JE ECHT DOODGAAN VAN
SCHAAMTE?

Heb je ooit iemand in je omgeving horen zeggen: 'Ik ging bijna dood van schaamte'? Misschien heb je je ook wel afgevraagd: *Kan iemand echt doodgaan van schaamte?* Weet je nog dat gevoel toen je struikelde voor je grote liefde of per ongeluk de verkeerde persoon een berichtje stuurde, waardoor je gezicht in 0,5 seconden van bleek naar tomaatrood veranderde? Het is het ergste gevoel, toch? Het is dan ook logisch dat je je afvraagt: *Kan al deze schaamte echt levensbedreigend zijn?*

Nou, maak je geen zorgen. Nee, je kunt niet echt doodgaan van schaamte. Hoewel je schaamte geen directe *game over* veroorzaakt, kan het wel een paar hilarische bijwerkingen hebben. Wanneer je je schaamt, schiet je lichaam in volledige stressmodus. Je hart begint sneller te kloppen, je gezicht wordt rood, en je kunt zelfs gaan zweten of het gevoel hebben dat je flauwvalt. Het is alsof je lichaam zegt: *Eh... oh, dit is een behoorlijk ongemakkelijk moment; laten we hierop reageren alsof het een kwestie van leven of dood is.* Maar in werkelijkheid probeer je gewoon een sociale ramp te overleven, en heb je geen hartaanval.

De reden dat we het gevoel hebben dat we doodgaan wanneer we ons schamen, is dat ons lichaam op schaamte reageert op dezelfde manier als wanneer we angstig of bang zijn. En je raadt het al, dit is de *vecht-of-vlucht* reactie. In plaats van weg te rennen van een beer, probeer je te ontsnappen aan de emotionele beer die sociale onhandig- heid heet. Je lichaam pompt adrenaline en cortisol uit, stres- shormonen die je zenuwachtig, rood en klaar maken om in de grond te verdwijnen.

Maar geen zorgen! Hoewel het voelt alsof je sociale leven zich in real-time aan het afbrokkelen is, is het onwaarschijn- lijk dat een beetje schaamte je leven zal beëindigen, tenzij het ervoor zorgt dat je geen medische hulp zoekt wanneer je die nodig hebt. Je zult de occasionele gênante momenten overleven om er later over te kunnen vertellen - en er waar- schijnlijk om kunnen lachen. Onthoud gewoon: Iedereen heeft dit wel eens meegemaakt, en je gênante moment zal veel sneller vergeten zijn dan je denkt.

WAAROM WORDEN SOMMIGE MENSEN HANGRY?

H*angry* is die magische combinatie van *hongerig* en *boos* die zelfs de aardigste persoon verandert in een snack-eisend, kortgebekt monster dat klaar is om aan te vallen. Je hebt het vast wel eens gezien: Iemand is in een prima bui, maar zodra hun maag begint te knorren, lijkt het alsof er een knop omgaat, en plotseling zijn ze een totaal ander persoon. Dus, waarom worden mensen hangry?

Nou, het komt allemaal door het interne drama van je lichaam. Als je een tijdje niet hebt gegeten, daalt je bloed-suikerspiegel, en dan kan het een beetje wild worden. Je hersenen hebben suiker-glucose-nodig om goed te functio-neren, en als ze niet de energie krijgen die ze willen, sturen ze een signaal uit om van jou, nou ja, niet bepaald een aangenaam persoon te maken om in de buurt te zijn. Je lichaam maakt stresshormonen aan zoals adrenaline en cortisol, die er normaal gesproken zijn om je te helpen gevaar het hoofd te bieden, maar in dit geval maken ze je gewoon prikkelbaar omdat voedsel het gevaar is. En raad eens? Die chagrijnige bui die je plotseling ervaart? Dat is de manier van je lichaam om je te motiveren zo snel mogelijk eten te vinden.

Kortom, je hersenen zeggen: *Hé, ik heb super veel honger, en ik heb het niet naar mijn zin, dus ik ga ervoor zorgen dat je in een slechte bui bent tot je deze situatie oplost.* Het is een soort emotionele gijzeling waar alleen voedsel je uit kan redden. Bovendien kan honger je vermogen om helder te denken belemmeren, waardoor het veel moeilijker wordt om beslissingen te nemen als je hangry bent. Wil je ruzie maken met iemand? Ja, honger maakt het aanzienlijk makkelijker om naar hen uit te vallen.

Dus, de volgende keer dat iemand van relaxed naar 'Ik ga mijn telefoon uit het raam gooien omdat ik honger heb' gaat, onthoud dan dat hangry zijn een echt fenomeen is, en het draait allemaal om de natuurlijke behoefte van je lichaam aan voedsel. Geef jezelf te eten, en zie hoe je weer terug transformeert in je gewone zelf!

21

WAAROM GAAN WE GEEUWEN ALS ANDEREN HET DOEN?

G eeuwen is een universeel teken dat zegt: *Ik ben moe, verveeld, of misschien probeer ik gewoon bij de groep te horen.* Maar hier is de echte vraag: Waarom geeuwen we altijd als iemand anders het doet? Is het omdat we stiekem allemaal deel uitmaken van een oude geeuwcultus, of is er iets anders aan de hand?

Nou, het blijkt dat geeuwen eigenlijk *besmettelijk* is, en niet alleen omdat geeuwen een slinkse manier is om de aandacht van iedereen om je heen te trekken-hoewel dat een behoorlijk leuk bijeffect is. Als we iemand zien geeuwen, reageert ons brein door hun acties na te bootsen. Het is een automatische reactie, vergelijkbaar met hoe je zou glimlachen als iemand anders glimlacht.

Wetenschappers noemen het *besmettelijk geeuwen*, en het kan te maken hebben met sociale verbondenheid. Ja, je leest het goed: Als je geeuwt als reactie op iemand anders, verbindt je brein zich op een vreemde maar typisch menselijke manier met dat van hen. Het is alsof je brein zegt: *Het is oké, ik snap je, maat.*

Maar waarom gebeurt het? Onderzoek suggereert dat besmettelijk geeuwen verband houdt met empathie. Als we iemand anders zien geeuwen, herkent ons brein het en *voelt* het- alsof we dezelfde emotie of vermoeidheid delen. Dus als je vriend geeuwt, denk je misschien: *Hé, ja, ik ben ook moe. Laten we samen geeuwen en er een groepsactiviteit van maken.* Het is eigenlijk een teken dat we afgestemd zijn op de mensen om ons heen, wat best cool is als je erover nadenkt.

En ja, het is absoluut besmettelijk. Je hebt het vast zelf wel eens meegemaakt-één persoon geeuwt, en binnen enkele seconden zit de hele ruimte in een gigantische geeuwketting. Het is een soort geeuwdomino-effect waar je niet aan kunt ontsnappen. De volgende keer dat je jezelf betrapt op geeuwen na iemand anders, onthoud dan: het is geen toeval; het is sociale breinmagie aan het werk!

22

KUN JE ZIEK WORDEN DOOR NAAR
BUITEN TE GAAN MET NAT HAAR?

De klassieke mythe dat *nat haar gelijkstaat aan ziek worden* is iets wat je waarschijnlijk vaak van je moeder hebt gehoord tijdens je jeugd, toch? 'Ga niet naar buiten met nat haar; je *krijgt* een verkoudheid!' Het is een soort eeuwenoude waarschuwing die van generatie op generatie wordt doorgegeven, maar zit er een kern van waarheid in? Kun je echt verkouden worden door simpelweg naar buiten te gaan met vochtig haar?

Nou, het korte antwoord is 'Nee.' Je wordt niet echt verkouden *alleen maar* door naar buiten te gaan met nat haar. Verkoudheid wordt veroorzaakt door virussen—specifiek rhinovirussen—niet door het weer of de vochtigheid van je haar. Dus nat haar is niet wat je ziek maakt, maar het kan je wel een beetje koud en ongemakkelijk laten voelen.

Dat gezegd hebbende, hoewel nat haar niet direct ziekte veroorzaakt, kan kou en ongemak je immuunsysteem een beetje verzwakken, waardoor je kwetsbaarder wordt voor de virussen die al in de lucht hangen. Als je lang in de kou staat, rilt en je ellendig voelt, zou dat in theorie de virussen een makkelijkere kans kunnen geven om binnen te sluipen. Maar maak je geen zorgen als je gewoon even naar de winkel rent of naar school loopt met nat haar, je immuunsysteem is waarschijnlijk sterk genoeg om dat aan te kunnen.

Dus, hoewel je waarschijnlijk niet wakker wordt met een verkoudheid door dat natte-haar-moment, is het nog steeds een goed idee om je haar te drogen voordat je naar buiten gaat als je warm en comfortabel wilt blijven. Plus, er is niets erger dan te bibberen van de kou met nat haar op een winderige dag. Geloof me, je haar zal je dankbaar zijn.

IS HET KRAKEN VAN JE KNOKKELS
SLECHT VOOR JE?

D at beruchte gekraak van knokkels – het geluid dat iedereen om je heen in een kleine paniekaanval doet schieten, alsof ze op het punt staan een of ander oud ritueel bij te wonen. Je hebt vast wel eens gehoord: 'Stop met je knokkels kraken; je krijgt er artritis van!' Maar is dat nu echt waar, of is het gewoon een mythe die bedoeld is om je schuldig te laten voelen en je slechte gewoontes te veranderen?

Nou, de waarheid is dat het kraken van je knokkels geen artritis veroorzaakt. Dat is een opluchting, toch? Het kraak-geluid dat je hoort, zijn gewoon luchtbelletjes die knappen in de gewrichten als je ze strekt. Het zijn geen botten die over elkaar schuren of iets engs zoals dat. Het geluid is onschadelijk, en er is geen betrouwbaar wetenschappelijk bewijs dat het kraken van je knokkels leidt tot artritis of blij-vende schade. Dus, voel je vrij om lekker door te kraken als je dat wilt!

Maar zoals bij de meeste dingen in het leven, is er een kleine waarschuwing aan verbonden... Hoewel het kraken van je knokkels misschien geen artritis veroorzaakt, kan het zeker tot andere problemen leiden die je liever niet hebt. Als je vaak je knokkels kraakt, kun je de banden rond de gewrichten irriteren of wat tijdelijk ongemak veroorzaken. Als je ze constant en agressief kraakt, kun je zelfs wat zwelling of verminderde gripkracht krijgen. Dus als je knokkel-krakgewoonte een beetje een obsessie wordt, is het misschien de moeite waard om af en toe een pauze te nemen om je handen wat broodnodige rust te geven.

Uiteindelijk is het kraken van je knokkels redelijk onschadelijk, zolang het geen pijn of ongemak veroorzaakt. Wees je er gewoon bewust van en onthoud: het is niet het geluid dat het probleem is, maar het constante kraken dat tot een beetje pijn kan leiden.

24

WAT VEROORZAAKT DE HIK, EN KUN JE HEM STOPPEN?

De hik kan worden beschouwd als de minst favoriete verrassingsgast van veel mensen. Hij duikt ineens op, meestal op het meest ongemakkelijke moment, zoals midden in de les of terwijl je iemand probeert te imponeren met je *extreem belangrijke* verhaal. Dus, wat gebeurt er precies wanneer je lichaam besluit om zomaar dat rare *hik*-geluid te maken om de paar seconden?

De hik treedt op wanneer je middenrif, de spier net onder je longen, plotseling samentrekt. Deze spier helpt je normaal gesproken om soepel in en uit te ademen, maar wanneer hij verkrampt, zorgt hij ervoor dat je stembanden plotseling dichtklappen, en boem - daar heb je dat klassieke *hik*-geluid. Het is alsof je lichaam een klein hikfeestje geeft zonder jou uit te nodigen. Niemand weet precies waarom dit gebeurt, maar het kan worden getriggerd door factoren zoals te snel eten, koolzuurhoudende drankjes drinken of zelfs te hard lachen. Sommige mensen krijgen de hik ook wanneer ze gestrest of nerveus zijn. Eigenlijk is het de manier van je lichaam om te zeggen: *Verassing! We gaan nu dit willekeurige ding doen.*

Maar hoe stop je de hik? Nou, er zijn tal van aparte *behandelingen* daarvoor: Sommige mensen zweren bij het even inhouden van hun adem, alsof ze op het punt staan om aan 's werelds langste onderwateravontuur te beginnen. Dan zijn er ook mensen die zelfs proberen om water ondersteboven te drinken of lepels pindakaas naar binnen te werken. Vraag me niet waarom - het werkt gewoon voor sommigen. Sommigen geloven zelfs dat je laten schrikken de sleutel is, want blijkbaar *stopt niets de hik beter dan een plotselinge schok.* Maar geen enkele behandeling werkt gegarandeerd voor iedereen. Het is een beetje een spelletje van *probeer alles totdat er iets eindelijk werkt!*

Dus, de volgende keer dat je vastzit met een vervelende hik, onthoud dan gewoon: Het is je lichaam dat een beetje raar doet, maar het is onschuldig. En misschien kun je een paar van die hiktrucs proberen als je je dapper voelt! Maar wees niet verbaasd als je nog meer hikjes krijgt doordat je te hard probeert ze te stoppen.

WAAROM SCHRIKKEN MENSEN SOMS WAKKER NET VOORDAT ZE IN SLAAP VALLEN?

Heb je ooit dat moment meegemaakt waarin je net in een vredige slaap dreigt te vallen, en plotseling besluit je lichaam om zich *spasmodisch* wakker te schieten alsof je op een trampoline ligt? Het is alsof je je eigen persoonlijke mini-achtbaan hebt, waar niemand om gevraagd heeft, en het lijkt altijd op het meest onhandige moment te gebeuren. Maar wat gebeurt er eigenlijk wanneer je lichaam je een *verrassende wekker* geeft net voordat je in dromenland belandt?

Deze onvrijwillige wekbeweging wordt een *hypnische schok*, *myoclonische schok*, of *slaapstart* genoemd, en het is volkomen normaal, ook al is het best vreemd. Het gebeurt wanneer je spieren zich beginnen te ontspannen terwijl je in slaap valt, maar om de een of andere reden raakt je brein een beetje in paniek en denkt het dat je valt of de controle verliest. Dus stuurt het een schok door je lichaam om je wakker te maken, alsof je op het punt staat met je gezicht op de grond te vallen. Je brein denkt: *Wacht even, gaan we vallen? Wakker worden, slaperige soldaat!*

Het fascinerende is dat niemand echt weet waarom deze schokken gebeuren, maar wetenschappers hebben een paar theorieën. Eén daarvan, zoals eerder genoemd, is dat wanneer je spieren ontspannen, je brein in de war kan raken en denkt dat je daadwerkelijk valt. Een ander idee is dat het gewoon een overblijfsel is van een reflex van onze verre voorouders, die snel wakker moesten worden als ze dreigden uit een boom te vallen of zoiets. Rare gedachte: *vroege mensen die probeerden te slapen terwijl ze op takken zaten!* Stress of angst kan ervoor zorgen dat deze schokken vaker voorkomen. Dus als je gestrest bent over huiswerk of een belangrijke toets, kan je lichaam extra schrikachtig zijn terwijl het probeert uit te schakelen.

Het goede nieuws? Deze schokken zijn volkomen onschadelijk. Het kan voelen alsof je een mini-paniekaanval hebt net voordat je in slaap valt, maar je lichaam wil je gewoon veilig houden—dus het is een beetje een 'whoa, niet vandaag'-beweging voordat je het te comfortabel krijgt.

Dus de volgende keer dat je zo'n onverwachte wekker ervaart, onthoud dan: je lichaam doet gewoon zijn ding en zorgt ervoor dat je niet zonder plan met je gezicht in het kussen duikt.

26

KUN JE ECHT VERGETEN HOE JE MOET LOPEN?

Tenzij je een van de allereerste tweebenige robots bent, zul je waarschijnlijk niet vergeten hoe je moet lopen. Gelukkig, als mens, bergt je brein die vaardigheid eenmaal geleerd op als een favoriete afspeellijst op repeat. Het wordt automatisch, zoals fietsen of precies weten waar de snacks liggen.

Het deel van je hersenen dat ervoor zorgt dat je soepel en stabiel loopt, heet het cerebellum, en het is verantwoordelijk voor je evenwicht en coördinatie. Dus zelfs als je half in slaap bent en om 2 uur 's nachts naar de koelkast schuifelt, weet je lichaam instinctief precies wat het moet doen – geen diep nadenken nodig.

Maar hier is de wending: hoewel de meeste mensen niet zomaar *vergeten* hoe ze moeten lopen, zijn er een paar zeldzame gevallen geweest waarin iemand plotseling het vermogen verliest zonder gewond te raken. Het heet Functionele Neurologische Stoornis (FND), en het is alsof je brein op pauze drukt, niet omdat het kapot is, maar omdat het overweldigd of in de war is. Het kan gebeuren tijdens peri-

odes van grote stress of angst, en het maakt bewegen heel
moeilijk. Als dit gebeurt, stoppen je benen met meewerken,
kan je evenwicht een beetje verstoord raken, en kun je zelfs
vallen. Het is niet nep, en het is meestal tijdelijk – maar het
is heel echt.

En dan zijn er die alledaagse onhandige momenten, zoals
wanneer je voet slaapt of je zomaar over niets struikelt. Je
brein weet nog steeds hoe het moet lopen; je lichaam loopt
alleen een beetje achter. Dat is niet vergeten – dat is gewoon
menselijk.

27

KUNNEN MENSEN OVERLEVEN ZONDER SLAAP?

S laap: iets waar veel mensen graag over klagen dat ze er niet genoeg van krijgen. Maar kunnen mensen eigenlijk overleven zonder slaap? Kunnen we gewoon in een *geen slaap*-modus gaan en door het leven gaan alsof we een soort superheldenroutine hebben? Spoiler alert: *nope*. Mensen zijn niet gebouwd voor dat soort slapeloze stunts.

Slaap is als de resetknop van je lichaam. Het is het moment waarop je hersenen en lichaam de tijd krijgen om op te laden, op te ruimen en zich voor te bereiden op een nieuwe dag. Zonder slaap gaat het snel *bergafwaarts*. Sterker nog, als je te lang zonder slaap probeert te gaan, begin je je te voelen alsof je in een lopende nachtmerrie leeft. Het eerste wat er gebeurt, is dat je hersenen wazig worden. Het is alsof je je telefoon op één procent batterij probeert te gebruiken - het werkt even, maar uiteindelijk gaat het fout.

Na slechts een paar dagen zonder slaap zul je waarschijnlijk vergeetachtiger worden, moeite hebben om je te concentreren en dingen gaan zien die er helemaal niet zijn. Ja, hallucinaties. Het is alsof je hersenen een beetje op hol slaan zonder die heerlijke REM-slaap. En, zoals je waarschijnlijk al kunt raden, gaat zonder slaap ook je immuunsysteem naar de knoppen, waardoor je sneller ziek wordt.

En het slechte nieuws stopt daar niet. Langdurig slaapgebrek kan je metabolisme in de war brengen en leiden tot problemen zoals gewichtstoename, hogere stressniveaus en zelfs ernstige gezondheidsproblemen zoals hartziekten. Dus hoewel een nachtje doorhalen om dat laatste huiswerk af te maken misschien voelt als een ereteken, doet het je eigenlijk meer kwaad dan goed.

Dus, nu weet je dat mensen niet zonder slaap kunnen overleven en dat je het ook niet moet proberen. Natuurlijk kunnen we een paar dagen zonder, maar het is geen mooi gezicht. Dus de volgende keer dat je erover denkt om slaap over te slaan om laat op te blijven en door TikTok te scrollen of te studeren, onthoud dan: je lichaam en hersenen zullen je laten weten dat het tijd is voor wat broodnodige rust.

DEEL III

ETEN - LEUKE FEITEN EN MYTHEN

28

KUN JE BETER ZIEN DOOR HEEL VEEL WORTELS TE ETEN?

Heb je ooit te horen gekregen dat je je wortels moet eten om beter te zien? Nou, zo werkt het niet precies. Wortels zijn goed voor je, maar ze geven je geen nachtzicht of veranderen je in een soort superheld.

Dit hele idee begon eigenlijk al tijdens de Tweede Wereldoorlog. Britse piloten gebruikten radar om vijandelijke vliegtuigen 's nachts te spotten, maar om het geheim te houden, verspreidde het leger het gerucht dat ze gewoon veel wortels aten. Mensen geloofden het, en opeens dacht iedereen dat wortels magisch waren voor het gezichtsvermogen.

Nu zijn wortels ontzettend gezond en zitten ze boordevol vitamine A, wat helpt om je ogen goed te laten functioneren. Als je echt een tekort aan vitamine A hebt, kan je zicht verslechteren, vooral in het donker. Dus hoewel wortels helpen, zorgen ze er niet voor dat je door muren heen kunt kijken of de afstandsbediening sneller kunt vinden.

In plaats van je vol te proppen met wortels, als je echt goed voor je ogen wilt zorgen, zit dan niet urenlang aan een scherm gekluisterd, probeer niet te lezen bij slecht licht en ga misschien niet 5 cm van de tv vandaan zitten. Het blijkt dat ouders soms wel een punt hebben. En varieer ook: bladgroenten, eieren en vis zijn ook geweldig voor je ogen.

Dus ja, wortels zijn goed voor je, maar ze zijn geen magisch middel voor een perfect zicht. Eet ze omdat ze lekker zijn, niet omdat je hoopt in het donker te kunnen zien zoals katten dat doen.

29

BLIJFT KAUWGOM ZEVEN JAAR IN JE MAAG ALS JE HET DOORSLIKT?

D e kans is groot dat je de waarschuwing wel eens hebt gehoord: 'Slik je kauwgom niet door! Het blijft zeven jaar in je maag zitten!' Het klinkt angstaanjagend, en misschien zie je jezelf al voor je met een binnenkant die verandert in een kauwgomkerkhof. Maar maak je geen zorgen; er is echt geen reden tot paniek. Dit is gewoon een fabeltje. Je maag verandert niet in een kauwgommuseum, en je wordt niet op een dag wakker met oude, onopgekauwde klompjes als een wandelende kauwgomautomaat.

Kauwgom is gemaakt van een rubberachtige basis die je lichaam niet per se kan afbreken zoals het doet met gewoon voedsel. Dat betekent echter niet dat het een kamp opzet in je maag voor het grootste deel van een decennium. Je spijsverteringsstelsel is een goed geoliede machine, en alles wat het niet kan verteren, zoals kauwgom, maïskorrels en dat LEGO-stukje dat je neefje at, blijft gewoon doorgaan totdat – ja, je raadt het al – het er aan de andere kant weer uitkomt.

Maar voordat je je hele kauwgomvoorraad gaat doorslikken, laten we eerlijk zijn: te veel in één keer doorslikken kan een verstopping veroorzaken. Het ongemak en de mogelijke pijn kunnen ervoor zorgen dat je ouders je naar de spoedeisende hulp brengen, en wie weet wat er dan gebeurt – iets wat je niet leuk zult vinden.

Je kunt het een beetje vergelijken met een file – niet in het spitsuur, maar in je darmen. Het is zeldzaam, maar het is wel eens gebeurd, en geloof me, je wilt niet degene zijn die dat aan een dokter moet uitleggen. Dus hoewel één stukje je niet verandert in een menselijke PEZ-dispenser, is het nog steeds het beste om het uit te spugen in de prullenbak... Ja, je hoort het goed... de prullenbak... *niet* onder je bureau, *niet* op de stoep, en zeker *niet* op de schoen van je vriend. Geloof me, je spijsverteringsstelsel en andermans sneakers zullen je dankbaar zijn!

30

WAAROM WORDT HAAR GRIJS?

Heb je ooit grijs haar op een ouder persoon opgemerkt en gedacht, *Wow, hoe gebeurt dat eigenlijk?* Misschien was hun haar de laatste keer dat je hen zag nog in de gebruikelijke kleur en leek het de volgende keer alsof het een gevecht met de tijd of een blik verf had verloren. Dit is niets om je al te veel zorgen over te maken. Hoewel het best gaaf zou zijn, is grijs haar geen teken dat je oeroude wijsheid ontgrendelt. Het is gewoon de manier van je lichaam om te laten zien dat het besluit met pensioen te gaan van zijn natuurlijke haarkleur.

Dit is hoe je haarkleur werkt: Je haar krijgt zijn kleur van melanine, hetzelfde pigment dat je huid zijn tint geeft. Maar naarmate je ouder wordt, beginnen de melanine-producerende cellen in je haarzakjes minder te doen - een beetje zoals een telefoonbatterij die niet meer zo lang meegaat als vroeger. Minder melanine betekent minder kleur, en uiteindelijk wordt haar grijs, zilver of zelfs wit. Als je ouders vroegtijdig grijs werden, is de kans groot dat jij dat ook doet. Sorry, daar kun je niet op terugkomen. En hoewel stress de zaak een beetje kan versnellen, zorgt een onvoldoende voor een wiskundetoets of het vergeten van de verjaardag van je beste vriend er niet voor dat je haar 's nachts grijs wordt.

Het goede nieuws? Grijs haar is volkomen normaal, en veel mensen weten de look prima te rocken. En tenminste wordt het niet groen - tenzij je te veel met chloor aan de slag gaat. In dat geval... tja, dat is een heel ander probleem!

31

KUN JE ECHT VERSLAAFD RAKEN AAN CHOCOLADE?

Of je nu dol bent op chocolade, iets anders verkiest of er gewoon niet om geeft, heb je je ooit afgevraagd of je er echt verslaafd aan zou kunnen raken? Is het mogelijk om er zo'n trek in te hebben dat je helemaal door het lint gaat als je geen stukje hebt? Goed nieuws: je bent waarschijnlijk niet *technisch gezien* verslaafd. Dat betekent echter niet dat chocolade niet moeilijk te weerstaan is als je zin hebt in iets zoets.

Chocolade bevat een mix van suiker, vet en een beetje cafeïne, die allemaal ervoor kunnen zorgen dat je brein zich best goed voelt. Het bevat ook iets dat theobromine heet, wat een kleine energieboost geeft. Als je het eet, gaat je geweldige brein aan de slag en geeft het dopamine vrij, die *feel-good* stofjes die je een knus en gelukkig gevoel kunnen geven. Het is dus logisch dat chocolade verleidelijk kan zijn, vooral als je trek hebt in iets lekkers.

Maar verslaafd? Niet echt, hoewel iemand dat wel zou kunnen voelen. In tegenstelling tot andere stoffen die fysieke afhankelijkheid veroorzaken, gaat het bij chocolade meer om gewoonte en het genot van het eten van iets lekkers dat je smaakpapillen bevredigt. Je brein houdt gewoon van die beloning, en laten we eerlijk zijn, wie vindt het nou niet fijn om zich goed te voelen na een snack?

Als je merkt dat je elke dag naar een chocoladereep grijpt, probeer dan ook eens wat andere snacks te mixen. Geen oordeel hier – iedereen heeft zijn favoriete snack. Onthoud gewoon: genieten van chocolade betekent niet dat je verslaafd bent... tenzij je liefdesbrieven begint te schrijven aan een Hershey's reep. In dat geval moeten we hier misschien wat verder over praten!

WAT IS ER AAN DE HAND MET NAVELLUIS?

Navelluis—ja, dat vreemde kleine pluisje dat opeens lijkt te verschijnen, alsof het een eigen geheime leven leidt. Heb je je ooit afgevraagd wat daar nou echt aan de hand is? Maak je klaar: het is eigenlijk een mix van kleine vezeltjes van kleding, dode huidcellen en alles wat je navel gedurende de dag besluit te verzamelen.

Het meeste pluis komt van je kleren, vooral als je wollige of donkere stoffen draagt. Als je shirt langs je huid schuurt, breken er kleine draadjes af die op de een of andere manier in je navel belanden, alsof ze op een geheime missie zijn. Voeg daar een beetje zweet en wat huidcellen aan toe, en voilà, je hebt een verse voorraad navelluis.

Hier een leuk feitje: mensen met meer lichaamshaar hebben vaak meer navelluis. Maar waarom? Nou, buikhaar werkt als een trechter en geleidt al dat pluis rechtstreeks naar je navel, bijna als een vezelwerveling. Geluksvogels, toch?

Het goede nieuws is dat navelluis volkomen onschadelijk is —tenzij je het verzamelt om... nou ja, redenen die we maar beter niet kunnen bespreken. Als het je volledig *tegenstaat*, maak dan gewoon regelmatig je navel schoon, en je bent een tijdje pluisvrij. Maar hier is het ding: hoe vaak je ook schoonmaakt, op de een of andere manier vindt het pluis altijd zijn weg terug. Het is net een goocheltruc waar je niet aan kunt ontsnappen.

33

REMT KOFFIE ECHT JE GROEI?

Hebben je ouders je ooit verteld dat koffie drinken ervoor kan zorgen dat je niet meer groeit? Je neemt één slok te veel, en bam! – je groeispurt is officieel afgelast. Dat is echter een fabeltje. Koffie laat je niet krimpen en het ontneemt je ook niet de kans om je volledige lengtepotentieel te bereiken.

Dit gerucht ontstond lang geleden, toen mensen dachten dat cafeïne onze botten verzwakte en de groei remde. Maar de waarheid is dat de wetenschap iets anders zegt: koffie heeft geen invloed op je lengte. De enige factoren die bepalen hoe lang je wordt, zijn je genen. Dus als er een aantal lange mensen in je familie zitten, gefeliciteerd – de kans is groot dat jij ook een van hen wordt. Dat is een groot voordeel in het leven, vooral als je dingen op hoge plekken probeert te pakken.

Het is belangrijk om te onthouden dat koffie je groei niet stopt, maar het bevat wel cafeïne, en te veel daarvan kan je slaap verstoren. Slaap is cruciaal voor groeiende lichamen, omdat je lichaam dan veel van zijn herstel- en groeiprocessen uitvoert. Als je koffie drinkt en elke avond laat opblijft, kun je je de volgende dag futloos voelen of – erger – chagrijnig worden omdat je op je tandvlees loopt.

Dus als je dol bent op de geur en smaak van koffie, maar je maakt je zorgen over je lengte, maak je geen zorgen – je kunt gewoon doorgaan. Onthoud wel dat het waarschijnlijk een goed idee is om de espressoshots te laten staan alsof je een overwerkte kantoorwerker bent. Daar heb je later in je leven, als je wat langer en meer cafeïnebestendig bent, nog genoeg tijd voor!

WAAROM LATEN UIEN JE HUILEN?

U ien snijden kan aanvoelen alsof je rechtstreeks in een emotionele filmscène bent beland. Eén moment ben je rustig aan het snijden, en de volgende, bam! De tranen stromen over je wangen alsof je midden in de trieste film van je leven zit. Maar geen stress, uien zijn niet uit op jouw ondergang. Ze hebben gewoon een ingebouwd verdedigingsmechanisme dat op een bijzondere manier jouw ogen viseert.

Dus, wat gebeurt hier precies? Wanneer je in een ui snijdt, breek je in feite de cellen open, waardoor allerlei chemicaliën vrijkomen in de lucht. Eén daarvan is syn-Propanethial-S-oxide. En succes met het vijf keer snel achter elkaar uitspreken daarvan.

Syn-Propanethial-S-oxide verandert in een gas dat opstijgt en rechtstreeks naar je ogen gaat. Je lichaam, denkend dat het wordt aangevallen, begint tranen te produceren om het irriterende stofje weg te spoelen. En zo wordt je keuken opeens het decor van een emotionele tranentrekker.

De ui wil zichzelf waarschijnlijk beschermen tegen opge-
geten worden, en helaas ben jij het doelwit. Maar raak niet
in paniek, je kunt zeker terugvechten! Door je ui van tevoren
te koelen, kun je die chemische reactie vertragen, waardoor
het minder waarschijnlijk is dat die tranen een dramatische
opwachting maken. Of, als je je extra slim voelt, probeer de
ui onder stromend water te snijden om het irritante gas weg
te houden van je ogen.

Of, weet je, je kunt ook gewoon meegaan in het drama en
iedereen laten denken dat je *super* emotioneel bent over het
eten. 'Oh, het gaat prima... het zijn gewoon die uien die me
te pakken hebben!'

35

WELK GELUID IS UITGEROEPEN TOT HET MEEST OORVERDOVENDE GELUID IN DE GESCHIEDENIS?

O ke, we kennen allemaal wel iemand die een beetje luidruchtig is. Misschien een broer of zus die door het huis schreeuwt of een vriend die lacht als een misthoorn. Hoewel je soms denkt dat ze het wel zouden kunnen, komt geen van hen in de buurt van het hardste geluid ooit geregistreerd in de geschiedenis.

Het hardste geluid ooit geregistreerd in de geschiedenis kwam van een vulkaan. Ja, je leest het goed. De natuur heeft ons overtroffen. In 1883 barstte een vulkaan genaamd Krakatoa in Indonesië uit. En met uitbarsten bedoelen we niet zomaar een 'boem'. Het ontplofte met zoveel kracht dat mensen op 4.800 km afstand het hoorden. Dat is alsof je een explosie in Londen hoort terwijl je in New York zit te chillen.

Het geluid wordt geschat op ongeveer 310 dB. De oren van de meeste mensen beginnen pijn te doen bij ongeveer 120 dB, wat de pijngrens overschrijdt. Krakatoa was zo luid dat wordt aangenomen dat het trommelvliezen op 64 km afstand deed barsten en de atmosfeer deed trillen. Wetenschappers zeggen dat de drukgolf van de uitbarsting vier keer rond de aarde ging.

Nu komt het serieuze deel: de uitbarsting van Krakatoa veroorzaakte enorme tsunami's, verwoestte dorpen en meer dan 36.000 mensen kwamen om. Dus ja, hoewel het het record heeft voor het hardste geluid, herinnert het ons er ook aan hoe krachtig de natuur is. Het is een van die gebeurtenissen die zowel fascinerend als hartverscheurend zijn.

Maar als we het alleen over het geluid hebben, het was zo luid dat, als geluid door de ruimte had kunnen reizen, aliens hun schepen zouden hebben omgedraaid en zouden hebben gezegd: 'Nee, niet vandaag.' Wacht, wat? Geluid kan niet door de ruimte reizen? Jazeker!

Geluid heeft iets nodig om doorheen te bewegen, zoals lucht, water of zelfs vaste stoffen. De ruimte heeft dat niet, dus geluid kan nergens heen. Als Krakatoa op de maan was uitgebarsten? Volledige stilte. De lava zou nog steeds overal vliegen, maar niemand zou iets horen.

DEEL IV

HET BREIN EN HET ONVERKLAARBARE

36

IS DÉJÀ VU EEN HERSENBLUNDER OF EEN GLIMP IN EEN PARALLEL UNIVERSUM?

Déjà vu is 'het gevoel dat je een moment al eens hebt meegemaakt, ook al ben je 100% zeker dat dat niet zo is.' Het is alsof je hersenen een kleine blunder maken, waardoor je denkt dat je iets herbeleeft wat eigenlijk voor de eerste keer gebeurt. Het ene moment zit je in de klas een broodje te eten, en dan, uit het niets, krijg je dat vreemde gevoel: *Wacht, ik ben precies in deze situatie geweest. Broodje en al.*

Dus, wat gebeurt er echt? Wetenschappers denken dat déjà vu optreedt wanneer de geheugensystemen van de hersenen een beetje uit de pas lopen. Onze geheugenverwerking is verdeeld in kortetermijn- en langetermijnsystemen. Men gelooft dat déjà vu kan ontstaan wanneer je hersenen iets nieuws verwerken als een herinnering, waardoor een gevoel van bekendheid ontstaat terwijl dat niet zou moeten. Het is alsof je hersenen een vertraging hebben in het verwerken van de huidige situatie; wanneer ze bijbenen, registreren ze het ten onrechte als iets dat in het verleden is gebeurd.

Een andere theorie suggereert dat déjà vu optreedt wanneer de hersenen een gelijkenis detecteren tussen wat er nu gebeurt en een herinnering die je niet bewust op kunt roepen. Het kan een bepaalde geur, scène of zelfs een gevoel zijn dat dit valse gevoel van bekendheid opwekt, waardoor je hersenen denken: *Ik ben hier al eens geweest.*

Hoewel het nog steeds een beetje een mysterie blijft, suggereert het feit dat déjà vu lijkt op te treden wanneer de hersenen dingen uit de pas verwerken, dat het eerder een hikje in de geheugenverwerking is dan een echt mystieke ervaring. Dus de volgende keer dat déja vu toeslaat, kun je glimlachen en denken: *Mijn hersenen zijn gewoon een beetje te hard aan het werk met hun geheugenspieren.*

WAAROM ZIEN WE GEZICHTEN IN WOLKEN?

Heb je ooit naar een wolk gestaard en opeens gedacht, *Kijkt dat gezicht me nu aan?* Het is bijna alsof de wolk een geheim met je wil delen—of misschien probeert hij je een boodschap te sturen. Maar maak je geen zorgen; het is geen mystiek teken of een verborgen entiteit die contact zoekt—het is gewoon je brein dat doet waar het goed in is!

Dit fenomeen heet pareidolie, een mooi woord voor de natuurlijke neiging van je brein om patronen te herkennen in willekeurige objecten. Het is de reden waardoor je misschien een gezicht ziet in een steen, een boterham of zelfs een gemorste kop koffie. Gezichten zijn belangrijk voor mensen om te communiceren, dus door de jaren heen is je brein er erg goed in geworden om ze te herkennen—zelfs als ze er niet echt zijn.

Wolken bestaan uit kleine druppeltjes vloeibaar water of ijskristallen, en hun vormen worden beïnvloed door factoren zoals luchtbeweging, dichtheid en temperatuur, waardoor ze van nature onregelmatig zijn en allerlei willekeurige vormen aannemen. Als sommige van die vormen vaag lijken op ogen, een neus of een mond, springt je brein in actie en vult op creatieve wijze de rest in. Voor je het weet, verandert die vormloze wolk in een volledig gevormd gezicht in je gedachten, en je brein zegt, *Ja, dat is absoluut een gezicht.* Het is bijna alsof je brein niet kan weerstaan aan een spelletje *Wat zie je eigenlijk?*

Dus de volgende keer dat je een wolk ziet die naar je lijkt te grijnzen, onthoud dan: Het is waarschijnlijk geen boodschap van het universum; het is gewoon je brein dat zijn ding doet. En als die wolk toevallig op een beroemdheid lijkt, waarom zou je er dan niet even mee babbelen?

38

WAAROM ONTHOUDEN SOMMIGE MENSEN SCHIJNBAAR NUTTELOZE FEITEN ALSOF HET EEN SUPERKRACHT IS?

Stel, je bent in gesprek met iemand die nonchalant een obscuur feitje dropt, zoals het exacte aantal Jelly Belly-smaakjes of het geboortejaar van Napoleon, en je denkt: *Hoe onthoudt die dat in hemelsnaam?* Het is alsof hun brein een schatkist is vol willekeurige kennis, die op de meest onverwachte momenten openbarst.

Wat is daar dan de verklaring voor? Nou, het blijkt dat sommige mensen van nature geprogrammeerd zijn om informatie op te slaan en te herinneren die niet per se *nuttig* is, maar laten we eerlijk zijn, wel ongelooflijk interessant. Hun hersenen zijn als superefficiënte archiefkasten, waarin vreemde feiten en details keurig geordend zijn. Deze vaardigheid ontstaat door de manier waarop hun geheugensysteem werkt, waardoor ze moeiteloos trivia kunnen opslaan en oproepen. Zie het als een mentale verzameling van bizarre kennis die er gewoon... is.

Een andere theorie is dat trivia-liefhebbers een diepe passie hebben voor leren. Ze zijn altijd nieuwsgierig, altijd op zoek naar nieuwe feiten, en ze genieten enorm van het ontdekken van willekeurige weetjes—zelfs als ze die nooit in het echte leven zullen gebruiken. Het is alsof ze een encyclopedie van leuke feiten hebben, puur voor het plezier.

Dus, terwijl jij misschien bent vergeten wat je vorige week hebt gegeten, kan die trivia-kampioen elk detail over de geschiedenis van elastiekjes ophalen. Natuurlijk helpt het niet in een overlevingssituatie, maar het maakt trivia-avonden wel onvergetelijk! Deze unieke vaardigheid verdient een feestje—het is niet zomaar willekeurige kennis, maar een weerspiegeling van een brein dat gedijt bij nieuwsgierigheid, kennis en plezier.

39

WAAROM HEEFT NIET IEDEREEN EEN FOTOGRAFISCH GEHEUGEN?

K en je iemand die elk klein detail kan herinneren van een kamer die ze jaren geleden bezochten, of een scène uit een film kan beschrijven alsof het gisteren gebeurde? Ondertussen zit jij daar te proberen te bedenken waar je vijf minuten geleden je favoriete boek hebt gelaten. Wat is er aan de hand?

Het blijkt dat sommige mensen van nature beter zijn in het omzetten van hun ervaringen in levendige, bijna *fotografische* herinneringen. Dit vermogen, bekend als eidetisch geheugen, stelt hen in staat om beelden, geluiden en details met opmerkelijke nauwkeurigheid te herinneren-bijna alsof ze door een mentaal fotoalbum bladeren. De realiteit is dat een echt fotografisch geheugen vrij zeldzaam is. Wat de meesten van ons zien als perfecte herinnering, is eigenlijk een mix van indrukwekkende geheugentechnieken gecombineerd met een brein dat bijzonder gevoelig is voor visuele details.

Waarom gebeurt dit? Een deel ervan is genetisch-sommige hersenen zijn van nature beter in het opslaan en ophalen van beelden. Aandacht, focus en de moeite die we steken in het onthouden van dingen spelen echter ook een grote rol. Als jij iemand bent die consistent de kleine details om je heen opmerkt, is de kans groter dat je brein ze onthoudt. Zie het alsof je brein een camera is die in de juiste stand moet staan om de foto te maken.

Als je niet gezegend bent met die *mentale camera*, maak je geen zorgen. Je kunt je geheugen nog steeds trainen om scherper te worden-voeg gewoon wat meer focus, oefening en misschien een paar geheugensteuntjes zoals flashcards toe. Nee, we lopen niet allemaal rond met een perfect geheugen, maar onthouden waar je je telefoon of boeken hebt gelaten? Dat is op zich al een overwinning!

WAT IS HET VREEMDSTE OOIT IN EEN MENSELIJK LICHAAM GEVONDEN?

Houd je vast, want dit is een echte achtbaanrit. Door de jaren heen hebben artsen werkelijk bizarre dingen in mensenlichamen ontdekt – dingen die je doen gruwelen, lachen en je afvragen hoe ze daar überhaupt terecht zijn gekomen.

Een van de meest schokkende ontdekkingen? Een chirurgische spons die per ongeluk in een patiënt was achtergebleven na een operatie. Ja, een hele spons was jarenlang vergeten en veroorzaakte stilletjes pijn zonder dat de persoon het wist. Pas tijdens een volgende operatie ontdekten de artsen de spons. Kun je je hun verbazing voorstellen toen die tevoorschijn kwam? Ik ben er zeker van dat ze iets zeiden als: 'Nou, dat had niet mogen gebeuren.'

Maar dat is nog maar het begin... Er is meer! Er zijn gevallen bekend van mensen die per ongeluk van alles hebben ingeslikt – van haarballen tot munten en zelfs tandenborstels. Een man had zelfs een hele scheermes in zijn spijsverteringsstelsel zitten, en nee, ik heb ook geen idee hoe dat gebeurd is. Maar die persoon was een van de ongelukkigen, want het is bewezen dat maagzuren scheermessen kunnen oplossen. Spoiler alert: probeer dit alsjeblieft niet zelf!

En dan was er de vrouw die wakker werd en een levende kakkerlak in haar gehoorgang aantrof. Artsen geloven dat de kakkerlak in haar oor was gekropen terwijl ze sliep. Zeker niet het soort verrassing waar iemand op hoopt bij het wakker worden.

Gelukkig zijn dit soort incidenten zeldzaam, maar ze laten wel zien hoe onvoorspelbaar en vreemd het leven kan zijn. Je zou kunnen zeggen dat het menselijk lichaam een bizarre schatkist vol eigenaardigheden is. Maar laten we alsjeblieft bij voedsel blijven en scherpe voorwerpen zoals scheermessen vermijden.

41

WELKE VREEMDE MEDISCHE AANDOENINGEN ZIJN ER VASTGELEGD?

Het menselijk lichaam heeft behoorlijk bizarre verrassingen - sommige aandoeningen zijn zo ongebruikelijk dat je je afvraagt of je in een sciencefictionfilm leeft. Er zijn veel vreemde aandoeningen, maar voor dit artikel kijken we specifiek naar drie ervan.

1. Allereerst is er hypertrichose: dit is een aandoening die soms ook wel *weerwolfsyndroom* wordt genoemd. Het veroorzaakt overmatige haargroei over het hele lichaam - armen, benen en zelfs het gezicht. Stel je voor dat je altijd een baard, haar op je armen en zelfs op je rug hebt! Het is zeldzaam, maar het is door de geschiedenis heen vastgelegd en wordt vaak doorgegeven in families. Het mag dan vreemd lijken, maar mensen met hypertrichose worden geconfronteerd met echte uitdagingen, waaronder sociale stigma's en de noodzaak van constante verzorging.
2. Vervolgens is er het syndroom van Cotard, een aandoening waarbij mensen geloven dat ze dood

zijn of vitale organen hebben verloren. Het klinkt misschien als iets uit een horrorfilm, maar het is een serieuze psychische aandoening. Mensen die hieraan lijden, ervaren diepe ellende omdat ze geloven niet meer te leven, wat het dagelijks leven extreem uitdagend kan maken.

3. En laten we de persoon niet vergeten die geen pijn kan voelen. Nee, het is geen soort superkracht; het is een aandoening die Cognitive Insensitivity to Pain (CIP) wordt genoemd, waarbij mensen helemaal geen fysieke pijn voelen. Hoewel het misschien als een geschenk klinkt, is het eigenlijk behoorlijk gevaarlijk, omdat pijn ons helpt beschermen tegen verwondingen. Zonder pijn kan iets simpels als een sneetje onopgemerkt blijven, wat iemand het risico geeft op ernstige schade.

Het menselijk lichaam heeft zeker zijn eigenaardigheden. Deze zeldzame aandoeningen herinneren ons eraan dat achter deze medische eigenaardigheden echte mensen schuilgaan die dagelijks unieke uitdagingen het hoofd moeten bieden.

42

WAAROM RUIKEN WE DINGEN DIE ER NIET ZIJN?

Je bent vast wel eens een kamer binnengelopen, een geurtje opgevangen en gedacht: *Mmm, vers popcorn!*, om vervolgens rond te kijken en te ontdekken dat er helemaal geen popcorn te vinden is. Of misschien vang je een zweem rozen op, terwijl er geen bloem in de buurt is. Welkom in de vreemde wereld van *phantosmie*, waar je neus besluit je om de tuin te leiden en je spookgeuren rechtstreeks naar je brein stuurt.

Maar waarom gebeurt dit? Onze neuzen zijn behoorlijk goed in het detecteren van geuren en deze naar onze hersenen te sturen. Maar soms, om redenen die we nog niet helemaal begrijpen, kan het misgaan. Het kan een *storing* in het signaal zijn of gewoon een overactief reukvermogen dat je brein doet denken dat het iets ruikt wat er eigenlijk niet is. Het is alsof de geurdetector-app van je brein opeens op hol slaat en je willekeurige *geursuggesties* geeft.

Er zijn verschillende redenen waarom dit kan gebeuren. Het kan iets simpels zijn als een verkoudheid, allergieën of een bijholteontsteking die je reukvermogen in de war brengt.

Andere keren hangt het samen met stress of zelfs neurologische problemen. Maar in de meeste gevallen is het onschadelijk en gewoon weer een apart eigenaardigheidje van het
lichaam.

Dus de volgende keer dat je overtuigd bent iets te ruiken wat
er niet is, haal diep adem en lach erom. Het is gewoon je
brein dat een eigenzinnig spelletje *Wat ruik ik nou weer?*
speelt – en hey, het enige wat echt *mis* is, is je reukvermogen!

KUN JE STILTE HOREN?

K un je stilte horen? Dit klinkt misschien als iets rechtstreeks uit een verwarrende film, maar hier is de clou: technisch gezien kun je stilte niet horen, omdat het de afwezigheid van geluid is. Maar voordat je denkt dat je de realiteit uit het oog verliest, laten we het even uitleggen.

Als je je in een ongelooflijk stille ruimte bevindt—denk aan geluidsdichte kamers. Ja, die bestaan echt, en ze zijn een beetje surrealistisch—kun je iets vreemds gaan opmerken: de geluiden van je eigen lichaam. Je hartslag, je ademhaling en zelfs het geluid van bloed dat door je oren stroomt. Het is alsof je brein overuren draait om geluid te verwerken, zelfs als de buitenwereld stil is. Dus hoewel het voelt als stilte, hoor je nog steeds je lichaam aan het werk.

In extreme gevallen, zoals in een bijna volledig geluidsvacuüm, hebben mensen gemeld dat ze vreemde, schijnbaar willekeurige geluiden horen of het gevoel hebben dat ze in een totaal andere dimensie zijn beland. Het kan zelfs een beetje onrustig of desoriënterend zijn, alsof de stilte zelf je voor de gek houdt. Het is bijna alsof je, door te hard naar niets te luisteren, je eigen geluiden begint te creëren.

Dus, kun je echt stilte horen? Niet precies, maar je kunt het ervaren, en het kan uiteindelijk een stuk vreemder aanvoelen dan je zou verwachten!

44

WAT IS DE WETENSCHAP ACHTER HERSENPIJN, EN KAN HET JE SCHADEN?

Ken je dat gevoel wanneer je een hap neemt van iets kouds, zoals ijs of een slushy, en het plots voelt alsof je hersenen salto's maken in je schedel? Wat gebeurt hier eigenlijk? Gaan je hersenen kortsluiten? Of is het een kosmische straf omdat je weer genoten hebt van een zoete traktatie?

Maak je geen zorgen; je hersenen werken niet verkeerd, het heet eigenlijk *sphenopalatine ganglioneuralgia* (Brusie, 2016). Ja, dat is nogal een mondvol, maar laat je daardoor niet bang maken! Wat er gebeurt, is lang niet zo eng als het misschien lijkt.

Dit is wat er gebeurt: wanneer iets heel koud het gehemelte van je mond raakt, verstoort het de bloedstroom in je hersenen. De bloedvaten vernauwen zich en zetten dan snel weer uit, wat een scherpe pijn veroorzaakt. Het is de unieke manier van je hersenen om te zeggen: *Whoa, rustig aan met dat koude spul!*

Maar waarom gebeurt dit? Misschien wist je dit niet, maar het gehemelte van je mond is verbonden met pijnreceptoren in je hoofd. Best indrukwekkend, toch? Als het koud wordt, raakt je brein in de war en verspreidt de pijn over je hele hoofd. Het is alsof je een groot mysterie probeert op te lossen zonder aanwijzingen.

Het goede nieuws? Hersenpijn is onschadelijk—het is slechts een snel, vervelend moment. Om het te voorkomen, kun je kleinere happen nemen of je koude traktatie een beetje laten opwarmen voordat je ervan geniet. Maar als het gebeurt, ga er dan gewoon mee om; het is immers een kleine prijs voor het zoete genot van ijs!

DEEL V

BIZARRE
NATUURVERSCHIJNSELEN

45

KUNNEN VISSEN UIT DE LUCHT VALLEN?

M isschien heb je wel eens verhalen gehoord over vissen die uit de lucht vallen. Het klinkt als iets uit een sciencefictionfilm of een bizar weerbericht, toch? Maar houd die gedachte vast. Geloof het of niet, het gebeurt echt-alleen niet op de manier die je je misschien voorstelt.

Dit zeldzame fenomeen, bekend als *visregen*, vindt plaats 'wanneer kleine waterdieren-zoals vissen of kikkers-worden opgezogen door krachtige stormen en later weer op de grond vallen.' Maar maak je geen zorgen; het is geen teken van de apocalyps. Er is een volledig logische, hoewel nog steeds behoorlijk vreemde, verklaring.

De meest voorkomende oorzaak van visregen is een weersverschijnsel dat een waterhoos wordt genoemd. *Waterhozen* zijn 'tornado-achtige kolommen van draaiende lucht die zich boven water vormen.' Als ze sterk genoeg worden, kunnen ze lichte objecten, waaronder vissen, opzuigen terwijl ze over meren, rivieren of oceanen trekken. Deze vissen worden hoog de lucht in gedragen, soms kilometers

ver, voordat ze uiteindelijk weer op de grond vallen als de
storm aan kracht verliest.

Meldingen van visregen gaan eeuwen terug en zijn gedocu-
menteerd in verschillende delen van de wereld, waaronder
Honduras, waar een jaarlijks evenement genaamd *Lluvia de
Peces*-Regen van Vissen-al meer dan 100 jaar wordt gerap-
porteerd. Verbazingwekkend, toch?

Dus, hoewel het misschien lijkt op een scène uit een geweldige fantasieroman, is visregen een echt, zij het zeldzaam,
natuurverschijnsel. Als je ooit in zo'n situatie terechtkomt,
onthoud dan: een paraplu is misschien niet genoeg om je te
beschermen tegen vallende zeevruchten!

46

WAT VEROORZAAKT 'STERREN ZIEN'?

Heb je ooit te snel opgestaan en plotseling het gevoel gehad alsof je in een glitterexplosie zat? Het ene moment ben je nog prima in orde, en het volgende moment is je zicht gevuld met kleine, fonkelende lichtjes. Nee, je ontgrendelt geen superkrachten, en aliens proberen je ook niet op te stralen. Wat er eigenlijk gebeurt, is iets dat orthostatische hypotensie wordt genoemd - een mooie manier om te zeggen dat je bloeddruk te snel daalt als je opstaat.

Als je opstaat, trekt de zwaartekracht je bloed naar beneden, en je lichaam zou snel moeten reageren door bloedvaten samen te trekken en je hartslag te verhogen om voldoende bloedtoevoer naar je hersenen te behouden. Maar soms loopt het een beetje achter, waardoor je hersenen even te weinig bloed krijgen. Dat is het moment waarop je duizeligheid, lichtheid in het hoofd of die vreemde, sterachtige flitsen ervaart - het is eigenlijk je lichaam dat op de *wacht even*-knop drukt terwijl het bij probeert te komen.

Meestal lost je lichaam het binnen een paar seconden zelf op, en kun je weer verder. Als dit echter vaak gebeurt, of als je het gevoel hebt dat je echt flauw zou kunnen vallen, kan dit een teken zijn dat er iets anders aan de hand is. Uitdroging, een lage bloedsuikerspiegel, bepaalde medicijnen of onderliggende gezondheidsproblemen kunnen de oorzaak zijn. Onthoud dat als dit blijft gebeuren, het de moeite waard is om het met je ouders te bespreken.

Dus de volgende keer dat je te snel opstaat en je zicht in vuurwerk verandert, onthoud dan: het is geen magie; het is gewoon je lichaam dat probeert bij te blijven. Geen reden tot paniek; het is gewoon een van die grappige aspecten van het mens-zijn.

47

WAT GEBEURT ER ALS JE EEN STATISCHE SCHOK KRIJGT?

D e statische schok... Het ene moment ga je gewoon door met je dag, en het volgende moment, *tsjak!* Een klein stootje waarvan je opspringt alsof je door de bliksem bent getroffen. *Wat is hier aan de hand?*

Wat je voelt, is statische elektriciteit in actie. Terwijl je beweegt-of je nu over een tapijt scharrelt, je trui uittrekt of over een autostoel schuift-je lichaam pikt extra elektronen op en bouwt een elektrische lading op. Sommige materialen, zoals wol, tapijt en synthetische stoffen, zijn bijzonder goed in het overbrengen van deze elektronen, waardoor je in bepaalde situaties sneller een schok krijgt.

Zodra je lichaam genoeg lading heeft opgebouwd, moet die ergens naartoe. Op het moment dat je iets geleidends aanraakt-zoals een metalen deurknop, lichtschakelaar of zelfs een ander persoon-ontlaadt die opgeslagen energie zich snel en creëert die scherpe kleine schok. Het is eigenlijk een mini-bliksemschicht recht aan je vingertoppen.

Statische schokken komen vaker voor als je in droge omstandigheden bent, vooral in de winter, omdat vocht in de lucht meestal helpt om elektriciteit te verspreiden voordat het zich opbouwt. Als de lucht droog is, blijven die extra ladingen langer hangen, wachtend op het perfecte moment om je te verrassen.

Het goede nieuws? Statische schokken zijn vrij onschuldig- het is gewoon een klein schokje om je eraan te herinneren dat de fysica altijd aan het werk is, zelfs als je er niet over nadenkt. Dus, de volgende keer dat je een schok krijgt, neem het niet persoonlijk. De natuur houdt je scherp - of misschien moedigt ze je aan om te investeren in een goed paar rubberzolen!

48

WAAROM GLOEIEN SOMMIGE
DIEREN MAGISCH IN HET DONKER?

Heb je ooit 's nachts in het donker rondgelopen en plotseling een mysterieus licht in de verte gezien? Nee, je hebt het mis; het is geen UFO, en je hebt geen nachtzicht ontgrendeld - het is gewoon de natuur die zich van haar beste kant laat zien. Sommige dieren, zoals vuurvliegjes, kwallen en bepaalde diepzeevissen, hebben een ingebouwd vermogen om te gloeien, dankzij een fenomeen dat bioluminescentie wordt genoemd - de eigen versie van een glow stick van de natuur!

Maar waarom doen ze dat? Nou, gloeien heeft verschillende doelen, afhankelijk van het dier, en meestal is het voor overleving, communicatie of - geloof het of niet - romantiek. Voor vuurvliegjes draait gloeien helemaal om het aantrekken van de perfecte partner. Die flitsende lichtjes in de nacht? Dat zijn eigenlijk liefdessignalen van vuurvliegjes. Mannetjes sturen gloeiende patronen uit om indruk te maken op vrouwtjes, en als een vrouwtje geïnteresseerd is, flitst ze terug - de natuurlijke versie van een sms'je, *Hé...*

Andere wezens, zoals bepaalde kwallen en diepzeevissen, gebruiken bioluminescentie voor camouflage. In de donkerste diepten van de oceaan helpt het gloeien in dezelfde kleur als het omringende licht hen om op te gaan in hun omgeving en roofdieren te vermijden. Het is als een onzichtbaarheidsmantel - alleen veel cooler.

Dan zijn er dieren die hun gloed gebruiken om roofdieren in verwarring te brengen of prooien te lokken. Sommige inktvissen creëren bijvoorbeeld pulserende lichtpatronen om aanvallers af te leiden of argeloze maaltijden aan te trekken. Het is de onderwaterversie van een lasershow - alleen met meer tentakels en minder DJ's.

Maar het zijn niet alleen wilde dieren die dit gloeiende superkrachtje hebben; sommige huisdieren vertonen ook bioluminescentie! Bepaalde soorten katten en honden, vooral die met gloeiende vacht, kunnen een gloed afgeven onder UV-licht. Deze gloed wordt veroorzaakt door specifieke eiwitten in hun huid en vacht die reageren op ultraviolet licht. Hoewel deze bioluminescentie niet van nature voorkomt, zoals bij vuurvliegjes, is het nog steeds een fascinerend trucje dat wetenschappers hebben ontdekt bij genetisch gemodificeerde dieren of onder specifieke lichtomstandigheden.

Dus de volgende keer dat je iets ziet gloeien in de natuur of in je eigen achtertuin, haal dan diep adem en raak niet in paniek. Het is geen buitenaardse invasie - gewoon een paar ongelooflijke wezens die hun ingebouwde nachtlampjes laten zien. Best gaaf, toch?

49

WAAROM HONDEN HUN HOOFD SCHEEF HOUDEN ALS ZE LUISTEREN - IS HET ALLEEN SCHATTIGHEID OF ZIT ER MEER ACHTER?

Heeft jouw hond ooit zijn hoofd scheef gehouden als je tegen hem praat, alsof hij een soort code probeert te kraken of een van Sherlock Holmes' grote mysteries op te lossen? Het is een van de schattigste dingen die hij doet, maar wat gebeurt er eigenlijk achter die vertederende ogen?

Nou, honden houden hun hoofd scheef om een paar rede-nen, en het komt meestal neer op hun verlangen om je beter te begrijpen of iets te onthouden. Ten eerste, wanneer ze hun hoofd scheef houden, stellen ze hun oren bij om je effectiever te horen. Hun oren zijn ongelooflijk flexibel, en het scheef houden van hun hoofd helpt hen om beter te horen wat je zegt. Het is bijna alsof ze zeggen: *Wacht, wat? Kun je dat herhalen?* De scheve houding helpt hen ook om te bepalen waar het geluid vandaan komt, een beetje zoals hun eigen versie van sonar.

Maar het gaat niet alleen om het horen. Ze proberen ons ook beter te zien. Honden zijn experts in het lezen van onze gezichten en emoties, dus wanneer ze hun hoofd scheef houden, krijgen ze een beter zicht op onze uitdrukkingen. Ze proberen te bepalen of we blij, boos zijn of gewoon weer vragen of ze willen *zitten*. Het is alsof het kleine harige detectives zijn die alle aanwijzingen oppikken die we ze geven.

En laten we eerlijk zijn: soms proberen ze waarschijnlijk gewoon een snoepje los te peuteren! *Oh, geef me alsjeblieft een snackje!* Het is hun vaste truc om wat extra liefde of een lekker beloning te krijgen. Dus als je hond je dat schattige scheve hoofd geeft, weet dan dat hij ofwel probeert je te begrijpen, iets te onthouden, of - lekker - een snoepje probeert te scoren. Hoe dan ook, het is te schattig om te weerstaan!

ZAL EEN SCHEET INHOUDEN ERVOOR ZORGEN DAT JE ONTPLOFT?

H et antwoord op deze vraag is een luid *nee!* Hoewel een scheet inhouden je niet zal laten ontploffen, kan het je wel het gevoel geven dat je dat zou willen! Als je de druk voelt opbouwen, komt dat omdat je lichaam gas aanmaakt als onderdeel van het spijsverteringsproces. Elke dag werken je maag en darmen hard om al dat lekkere eten dat je eet af te breken, wat gas produceert dat, of je het nu leuk vindt of niet, uiteindelijk vrij moet komen.

Als je dat gas inhoudt, verdwijnt het niet op magische wijze. In plaats daarvan neemt je lichaam het gas weer op, en kun je last krijgen van nogal onaangename symptomen, zoals een opgeblazen gevoel, ongemak of af en toe buikpijn. Je kunt het vergelijken met het proberen te veel kleding in een veel te kleine koffer te proppen—uiteindelijk moet er iets wijken!

Dus, hoewel je niet zult ontploffen van het inhouden van een scheet, kan het ongemakkelijk zijn, en je maag kan een beetje vreemd aanvoelen. Als je in een gênante situatie de neiging hebt om een scheet in te houden, kun je die beter gewoon laten gaan. Dat gezegd hebbende, is het wel beter om een scheet te laten als je alleen bent. Als een scheet per ongeluk op het verkeerde moment ontsnapt, schaam je dan niet en word niet knalrood—bedenk dat het een normaal onderdeel van de spijsvertering is, en iedereen laat wel eens een scheet, zelfs die populaire socialmedia-influencers!

Maak je dus geen zorgen over een dramatische ontploffing door een scheet in te houden, maar houd het niet te lang in —je lichaam vindt misschien een manier om het vrij te laten op het moment dat je het het minst wilt of verwacht!

2

NAWOORD

Nou mensen, hier zijn we dan, aan het einde van deze wilde, vreemde en volkomen idiote rit. Je hebt de antwoorden geleerd op enkele van de meest verbijsterende vragen van het leven - zoals waarom we niet kunnen helpen maar lachen als iemand struikelt en waarom we onze gezichten niet in de plooi kunnen houden als het om onze eigen scheten gaat. We hebben alles onderzocht, van de mysterieuze functie van je huig - wie wist überhaupt dat dat een ding was? - tot of het knakken van je knokkels echt tot artritis leidt. Spoiler: dat doet het niet, maar het kan de persoon naast je wel gek maken.

En laten we het goede niet vergeten - zoals dat je niet ontploft als je een scheet ophoudt. Natuurlijk, het kan je ongemakkelijk laten voelen, maar je gaat niet zo snel een lopende tijdbom worden. Gelukkig maar, toch? Of je dit nu op een regenachtige middag hebt zitten lezen of het hebt gebruikt om je vrienden te imponeren met vreemde feitjes, ik hoop dat je een paar keer hebt gelachen en wat leuke weetjes hebt opgepikt.

De volgende keer dat je met vrienden hangt en het gesprek verschuift naar 'Waarom valt mijn voet in slaap?' of 'Wat is er aan de hand met ochtendadem?', ben jij degene met alle antwoorden en waarschijnlijk ook nog een paar epische grappen om te delen. Gefeliciteerd, je hebt officieel je *onofficiële* PhD in de wetenschap van de rare en wonderlijke vragen die tieners hebben verdiend!

Onthoud: het leven is veel te kort om alles zo serieus te nemen. Dus blijf lachen om de kleine dingen, blijf de grote vragen stellen en omarm altijd de gekkigheid. Tot de volgende keer, blijf leuk, nieuwsgierig en je prachtige unieke zelf!

En hey, probeer die scheet alsjeblieft niet in te houden... laat hem gaan; doe het alleen misschien niet in een volle lift!

3

BIBLIOGRAFIE

Aguirre, C. (2023, 9 oktober). *De wetenschap van kietelen*. Headspace. https://www.headspace.com/articles/is-laughter-the-best-medicine

Vliegtuigoor: Symptomen en oorzaken. (2019). Mayo Clinic. https://www.mayoclinic.org/diseases-conditions/airplane-ear/symptoms-causes/syc-20351701

Anandanayagam, J. (2024, 9 januari). *Kun je sterven van schaamte? Wat we weten*. Health Digest. https://www.healthdigest.com/1486527/can-embarrassment-cause-death/

Vraag het aan de wetenschap: Waarom lachen we als iemand valt? (2008). *Scientific American Mind, 19*(5), 86-86. https://doi.org/10.1038/scientificamericanmind1008-86

Slechte adem: Symptomen en oorzaken. (2018). Mayo Clinic. https://www.mayoclinic.org/diseases-conditions/bad-breath/symptoms-causes/syc-20350922

Baraza, B. (2024, 26 december). *De wetenschap achter waarom we onze eigen scheten lekker vinden en wat het zegt over leider-*

schap en empowerment. Medium. https://medium.com/@
Balozi.Baraza/the-science-behind-why-we-like-our-own-
farts-and-what-it-says-about-leadership-and-empower
ment-9c7fc9f45298

Beaulieu-Pelletier, G. (2023, 13 maart). *Waarom lachen we als iemand valt? Dit zegt de wetenschap.* The Conversation. https://theconversation.com/why-do-we-laugh-when-some
one-falls-down-heres-what-science-says-199367

Bedinghaus, T. (2019). *Begrijp waarom je soms sterren en flitsen van licht ziet.* Verywell Health. https://www.verywellhealth.
com/why-do-i-see-stars-3422028

Begum, T. (z.d.). *De uitbarsting van Krakatau in 1883: Een jaar van blauwe manen.* Natural History Museum. https://www.
nhm.ac.uk/discover/the-1883-krakatau-eruption-a-year-of-
blue-moons.html

Begum, J. (2021, 10 november). *11 feiten over niezen en nies-
buien.* MedicineNet. https://www.medicinenet.com/11_facts_a
bout_sneezes_and_sneezing/article.htm

Bhandari, S. (2021). *Wat is déjà vu?* WebMD. https://www.
webmd.com/mental-health/what-is-deja-vu

Lichaamsfuncties uitgelegd: Kippenvel. (z.d.). Pfizer. https://
www.pfizer.com/news/articles/bodily_functions_explained_
goosebumps

Boyle Wheeler, R. (2019). *Presentatie: feiten over grijs haar: Hoe je ervoor zorgt en er het beste uitziet.* WebMD. https://www.
webmd.com/beauty/ss/slideshow-beauty-gray-hair-facts

Brazier, Y. (2024, 24 mei). *Winderigheid: Oorzaken, remedies en complicaties.* Medical News Today. https://www.medicalnew
stoday.com/articles/7622

Breyer, M. (2025, 27 maart). *8 redenen waarom muggen tot jou aangetrokken worden.* Verywell Health. https://www.very wellhealth.com/reason-mosquitoes-bite-some-people-more-others-4858811

Brown, H. (2014, 18 januari). *7 leuke en ongewone feiten over het menselijk lichaam.* Famous Scientists. https://www.famous scientists.org/7-fun-and-unusual-facts-about-the-human-body/

Brusie, C. (2016, 22 december). *Sphenopalatine ganglioneuralgie: Gids voor een ijshoofd.* Healthline. https://www.healthline. com/health/sphenopalatine-ganglioneuralgia-brain-freeze

Cahn, L. (2019, 11 november). *11 gekste dingen die in mensenlichamen zijn gevonden.* Reader's Digest. https://www.rd.com/ list/craziest-things-found-in-peoples-bodies/?__cf_chl_tk= iFOSpzvXvMLUKSt6LpaHjAVHLorRM7KP8uKRSuNIqbA-1743597594-1.0.1.1-_ZACmYon64Ic9InUu2qMyN_7yDOaZf XEKvS8DwHpxsE

Kun je niezen met je ogen open? (2016, 21 december). Wonderopolis. https://www.wonderopolis.org/wonder/can-you-sneeze-with-your-eyes-open

Chan, K. (2024, 8 januari). *Eidetisch geheugen: De realiteit achter het 'fotografische' geheugen.* Verywell Mind. https:// www.verywellmind.com/eidetic-memory-7692728

Choi, C. Q. (2013, 9 januari). *Waarom worden vingers en tenen rimpelig in water?* Live Science. https://www.livescience.com/ 26097-why-fingers-pruney-water.html

Choi, C. Q. (2023, 18 maart). *Waarom houden honden hun hoofd scheef?* Live Science. https://www.livescience.com/why-do-dogs-tilt-their-heads

Cirino , E. (2018, 1 maart). *Waarom hebben we wenkbrauwen: Functies, dik, dun en meer.* Healthline. https://www.healthline.com/health/why-do-we-have-eyebrows

Dargel, C. (2022, 20 september). *Kan nat haar je ziek maken?* Mayo Clinic Health System. https://www.mayoclinichealthsystem.org/hometown-health/speaking-of-health/can-wet-hair-make-you-sick

Edwards, M. J., & Bhatia, K. P. (2012). Functionele (psychogene) bewegingsstoornissen: De samensmelting van geest en hersenen. *The Lancet Neurology, 11*(3), 250-260. https://doi.org/10.1016/s1474-4422(11)70310-6

Extance, A. (2016, 21 december). *Uitleg: De chemie van winden.* Chemistry World. https://www.chemistryworld.com/news/explainer-the-chemistry-of-farts/2500168.article

Fastrich, G. M., Kerr, T., Castel, A. D., & Murayama, K. (2018). De rol van interesse bij het onthouden van triviavragen: Een onderzoek met een grootschalige database. *Motivation Science, 4*(3), 227-250. https://doi.org/10.1037/mot0000087

Franzen, A., Mader, S., & Winter, F. (2018). Besmettelijk gapen, empathie en hun relatie tot prosociaal gedrag. *National Library of Medicine, 147*(12), 1950-1958. https://doi.org/10.1037/xge0000422

Frothingham, S. (2019, 12 februari). *Wat is navelpluis en wat moet ik eraan doen?* Healthline. https://www.healthline.com/health/belly-button-lint

Frothingham, S. (2020, 27 februari). *Kun je niezen met je ogen open? Doe je jezelf pijn?* Healthline. https://www.healthline.com/health/can-you-sneeze-with-your-eyes-open

Galan, N. (2017, 9 augustus). *Wat is paresthesie? Oorzaken en symptomen.* Medical News Today. https://www.medicalnew stoday.com/articles/318845

Gallup, A. C., & Wozny, S. (2022). Interspecifieke besmettelijke geeuwen bij mensen. *National Library of Medicine, 12*(15), 1908. https://doi.org/10.3390/ani12151908

Ghose, T., & Zimmermann, K. A. (2012, 11 december). *Pareidolie: Gezichten zien op ongebruikelijke plaatsen.* Live Science. https://www.livescience.com/25448-pareidolia.html

Giorgi, A. (2015, 26 september). *Alles wat je moet weten over de hik.* Healthline. https://www.healthline.com/health/hiccups

Goede vraag: Waarom voelt niezen zo goed? (2012, 18 april). *CBS News.* https://www.cbsnews.com/minnesota/news/good-question-why-does-sneezing-feel-so-good/

Gotter, A. (2018, 26 maart). *Ochtendadem: Preventie, oorzaken, behandeling en meer.* Healthline. https://www.healthline.com/health/morning-breath

Gray, R. (2022, 20 juni). De verrassende voordelen van vingers die rimpelen in water. *BBC.* https://www.bbc.com/future/article/20220620-why-humans-evolved-to-have-fingers-that-wrinkle-in-the-bath

Grucza, A. (2022, 9 april). *Wat is aangeboren ongevoeligheid voor pijn?* WebMD. https://www.webmd.com/children/what-is-congenital-insensitivity-pain

Gupta, P. (2021, 30 september). *Waarom voelt niezen zo goed?* LifeMD. https://lifemd.com/learn/why-does-sneezing-feel-good

Hunter, A. (2023, 11 oktober). *Kun je niezen met je ogen open?* HowStuffWorks. https://science.howstuffworks.com/science-vs-myth/everyday-myths/sneeze-with-eyes-open.htm

Johnson, J. (2024, 21 oktober). *Geeuwen: Oorzaken en redenen voor besmettelijk geeuwen.* Medical News Today. https://www.medicalnewstoday.com/articles/318414

Khan, M. (2008, 2 april). *Hoe je je maag stil kunt houden in het openbaar.* WikiHow. https://www.wikihow.com/Keep-Your-Stomach-Quiet-in-Public

Komarla, J. (2023, 14 december). *Waarom houden sommige mensen van de geur van hun eigen scheten?* ZME Science. https://www.zmescience.com/feature-post/health/food-and-nutrition/why-do-some-people-like-the-smell-of-their-own-farts/

Krakatoa: Uitbarsting, oorzaken & impact. (2018, 9 mei). History. https://www.history.com/articles/krakatoa

Kumar, M. (2024). Dromen verkennen en de impact ervan op gedrag analyseren. *Research Gate, 12*(1). https://doi.org/10.25215/1201.226

Lazear, R. (2025, 3 maart). *Hoe ontstaan de vormen van wolken? Een wetenschapper legt de verschillende wolkentypes uit en hoe ze helpen bij het voorspellen van het weer.* The Conversation. https://theconversation.com/how-are-clouds-shapes-made-a-scientist-explains-the-different-cloud-types-and-how-they-help-forecast-weather-247682

Love, S. (2023, 10 juli). *Horen we stilte eigenlijk wel?* Scientific American. https://www.scientificamerican.com/article/do-we-actually-hear-silence/

Lovering, N. (2022, 22 juni). *Kan ik verslaafd zijn aan chocolade?* Psych Central. https://psychcentral.com/lib/does-chocolate-addiction-exist

Malchik, A. (2022, 31 augustus). *De hobbelige weg naar een lopende robot.* Medium. https://antoniamalchik.medium.com/the-bumpy-road-to-a-walking-robot-c3d5e25e716c

Manto, M., Bower, J. M., Conforto, A. B., Delgado-García, J. M., da Guarda, S. N. F., Gerwig, M., Habas, C., Hagura, N., Ivry, R. B., Mariën, P., Molinari, M., Naito, E., Nowak, D. A., Oulad Ben Taib, N., Pelisson, D., Tesche, C. D., Tilikete, C., & Timmann, D. (2011). De rol van de kleine hersenen bij motorische controle - de diversiteit aan ideeën over de betrokkenheid van de kleine hersenen bij beweging. *The Cerebellum*, *11*(2), 457-487. https://doi.org/10.1007/s12311-011-0331-9

Marks, H. (2012, 23 augustus). *Dromen.* WebMD. https://www.webmd.com/sleep-disorders/dreaming-overview

Mayo Clinic Staff. (2022, 26 mei). *Orthostatische hypotensie (posturale hypotensie).* Mayo Clinic. https://www.mayoclinic.org/diseases-conditions/orthostatic-hypotension/symptoms-causes/syc-20352548

McCallum, K. (2022, 3 juni). Waarom worden muggen meer aangetrokken door sommige mensen dan door anderen? *Houston Methodist Leading Medicine.* https://www.houstonmethodist.org/blog/articles/2022/jun/why-are-mosquitoes-attracted-to-some-people-more-than-others/

McDermott, A. (2016, 20 december). *Waarom zijn mensen kietelig?* Healthline. https://www.healthline.com/health/why-are-people-ticklish

Microfoontechniek en het kiezen van een zangmicrofoon voor live-optredens. (z.d.). SingWise. https://www.singwise.com/arti cles/microphone-technique-and-choosing-a-vocal-microp hone-for-live-performance-purposes

Mir, A. (2024, 3 november). *Waarom gloeien sommige dieren? De geheimen van bioluminescentie.* Medium. https://medium. com/the-thinkers-point/why-do-some-animals-glow-the-secrets-of-bioluminescence-2c91fa02bc02

Mitchell, C. (2019). *Statische elektriciteitbranden voorkomen tijdens het tanken in de winter.* AccuWeather. https://www. accuweather.com/en/weather-news/what-causes-that-annoying-static-shock/338462

Moore, K. (2015, 6 oktober). *Waarom rommelt mijn maag?* Healthline. https://www.healthline.com/health/abdominal-sounds

Morgan, K. K. (2024, 8 februari). *Oorzaken van overmatig zweten.* WebMD. https://www.webmd.com/skin-problems-and-treatments/hyperhidrosis-causes-11

Mulcahy, L. (2023, 12 september). Waarom je mogelijk niet van je opgenomen stem houdt en hoe je die kunt veranderen. *Washington Post.* https://www.washingtonpost.com/well ness/2023/09/12/why-your-recorded-voice-sounds-different/

Mythe of feit: Wortels eten verbetert het gezichtsvermogen. (2013, 27 augustus). *Duke Health.* https://www.dukehealth. org/blog/myth-or-fact-eating-carrots-improves-eyesight

Mythe of feit: Het duurt zeven jaar om kauwgom te verteren. (2013, 27 augustus). *Duke Health.* https://www.dukehealth. org/blog/myth-or-fact-it-takes-seven-years-digest-chewing-gum

Mythen over je ogen en zicht. (2024, 13 februari). WebMD. https://www.webmd.com/eye-health/fact-fiction-myths-about-eyes

Naftulin, J. (2018, 13 juni). *Waarom we 'hangry' worden, volgens de wetenschap.* Health. https://www.health.com/nutrition/what-is-hangry

Nall, R. (2015, 9 maart). *Gevoelloosheid van de voet.* Healthline. https://www.healthline.com/health/numbness-of-foot

Nichols, H. (2018, 28 juni). *Dromen: Oorzaken, soorten, betekenis, wat ze zijn en meer.* Medical News Today. https://www.medicalnewstoday.com/articles/284378

Orf, D. (z.d.). *Het hardste bekende geluid was de uitbarsting van de Krakatoa-vulkaan.* History Facts. https://historyfacts.com/science-industry/fact/the-loudest-known-sound-was-the-eruption-of-the-krakatoa-volcano/

Osborn, C. (2017, 8 mei). *26 remedies tegen de hik.* Healthline. https://www.healthline.com/health/how-to-get-rid-of-hiccups

Palermo, E. (2013, 1 juli). *Lluvia de Peces: Wanneer vissen uit de lucht vallen.* Live Science. https://www.livescience.com/37820-lluvia-de-peces-fish-rain.html

Panoff, L. (2019, 5 juni). *Zijn wortels goed voor je ogen?* Healthline. https://www.healthline.com/nutrition/are-carrots-good-for-your-eyes

Pappas, S. (2023, 1 februari). *Wat veroorzaakt déjà vu?* Scientific American. https://www.scientificamerican.com/article/what-causes-the-feeling-of-deja-vu/

Pareidolie. (2023). Psychology Today. https://www.psychology today.com/za/basics/pareidolia

Rajan, E. (2019, 31 december). *Kauwgom inslikken: Is het scha-delijk?* Mayo Clinic. https://www.mayoclinic.org/diseases-conditions/indigestion/expert-answers/digestive-system/faq-20058446

Rath, L. (2022, 13 februari). *Het syndroom van Cotard: Wat is het?* WebMD. https://www.webmd.com/schizophrenia/cotards-syndrome

Roland, J. (2017). *Hypertrichose (Weerwolfsyndroom): Oorza-ken, behandelingen en types.* Healthline. https://www.health line.com/health/hypertrichosis

Rosa-Aquino, P. (2022, 17 december). *Vreemde rapporten beweren dat mensen spontaan in vlammen opgaan, maar weten-schap kan verklaren hoe lichamen soms als een kaarsenpit werken.* Business Insider. https://www.businessinsider.com/is-spontaneous-human-combustion-real-or-myth-scientific-evidence

Sadr, J., Jarudi, I., & Sinha, P. (2003). De rol van wenk-brauwen in gezichtsherkenning. *Sage Journals, 32*(3), 285-293. https://doi.org/10.1068/p5027

Santos-Longhurst, A. (2018, 30 juli). *Hoe lang duurt het voordat kauwgom wordt verteerd?* Healthline. https://www.healthline.com/health/how-long-does-gum-take-to-digest

Semple, K. (2017, 16 juli). Elk jaar 'regent' het vissen uit de lucht. Verklaringen variëren. *The New York Times.* https://www.nytimes.com/2017/07/16/world/americas/honduras-rain-fish-yoro.html

Shmerling, R. H. (2018, 6 mei). Knokkels kraken: Vervelend en schadelijk, of gewoon vervelend? *Harvard Health Blog.* https://www.health.harvard.edu/blog/knuckle-cracking-annoying-and-harmful-or-just-annoying-2018051413797

Shmerling, R. H. (2020, 3 augustus). Nieuwsgierig naar kippenvel? Natuurlijk ben je dat. *Harvard Health Blog.* https://www.health.harvard.edu/blog/wondering-about-goosebumps-of-course-you-are-2020080320688

Sinclair, C. (2022, 24 mei). Gehoorbescherming op festivals en concerten. *Alpine Hearing Protection.* https://www.alpinehearingprotection.com/blogs/party-music/hearing-protection-at-festivals-and-concerts

Singh, N. (2022, 10 april). *Wetenschappers ontdekten waarom mensen van de geur van hun eigen scheten houden.* Medium. https://medium.com/illumination/experts-found-people-like-the-smell-of-their-own-farts-7193c05ba764

Smuts, A. (z.d.). *Humor.* Internet Encyclopedia of Philosophy. https://iep.utm.edu/humor/

Niezen kan tot 160 km/u gaan! (2022). American Renaissance School. https://www.arsnc.org/2022/12/16/7218/coughing-and-sneezing-are-just-some-of-the-more-interesting-and-complicated-ways-the-body-works-to-protect-your-lungs-from-contamination

Songu, M., & Cingi, C. (2009). Sneeze reflex: Facts and fiction. *Therapeutic Advances in Respiratory Disease, 3*(3), 131-141. https://doi.org/10.1177/1753465809340571

Stone, J., Carson, A., & Sharpe, M. (2005). Functional symptoms in neurology: Management. *BMJ Journals, 76*(suppl_1), i13-i21. https://doi.org/10.1136/jnnp.2004.061663

Suni, E., & Dimitriu, A. (2020, 30 oktober). *Dromen: Waarom we dromen & hoe ze de slaap beïnvloeden*. Sleep Foundation. https://www.sleepfoundation.org/dreams

Dit is hoeveel zweet je per uur verliest in extreme hitte. (2017, 5 juli). KHQ Right Now. https://www.khq.com/news/this-is-how-much-sweat-you-lose-each-hour-in-extreme-heat/arti cle_15717480-f697-58f7-b9bf-c0feb5964b85.html

Trudeau, M., & Greenhalgh, J. (2017, 15 mei). *Gapen kan sociale binding bevorderen, zelfs tussen honden en mensen*. NPR. https://www.npr.org/sections/health-shots/2017/05/15/ 527106576/yawning-may-promote-social-bonding-even-between-dogs-and-humans

Microfoons begrijpen. (2012, 27 juni). Institute of Museum and Library. https://ohda.matrix.msu.edu/2012/06/understan ding-microphones/

Uttekar, P. S. (z.d.). *Hoeveel zweet een gemiddeld persoon per dag?* MedicineNet. https://www.medicinenet.com/how_ much_does_an_average_person_sweat_in_a_day/article.htm

Huig: Anatomie, functie & definitie. (2022, 6 april). Cleveland Clinic. https://my.clevelandclinic.org/health/body/22674-uvula

Van, G. (2018, 31 mei). *Remt koffie echt je groei?* Healthline. https://www.healthline.com/nutrition/does-coffee-stunt-growth

van de Laar, L. (2022, 17 mei). Niezen: 10 redenen, oorzaken en triggers. *Houston ENT*. https://www.houstonent.com/ blog/sneezing-10-reasons-causes-and-triggers

Vandergriendt, C. (2023, 20 maart). *Hoe lang kun je zonder slaap? Functie, hallucinaties, meer*. Healthline. https://www.

healthline.com/health/healthy-sleep/how-long-can-you-go-without-sleep

Villazon, L. (z.d.). *Waarom voelt niezen zo goed?* Science Focus. https://www.sciencefocus.com/the-human-body/why-does-sneezing-feel-so-good

Wells, D. (2017, 20 november). *Phantosmie: Rook, andere veel-voorkomende geuren, oorzaken, behandeling.* Healthline. https://www.healthline.com/health/phantosmia

Wat trekt muggen aan? De factoren die hen aantrekken begrijpen. (2024, 23 september). Aptive Environmental. https://aptivepestcontrol.com/pests/mosquitoes/what-attracts-mosquitoes-understanding-the-factors-that-draw-them-in/

Wat gebeurt er als je winden inhoudt? (z.d.). Hackensack Meridian Health. https://www.hackensackmeridianhealth.org/en/healthu/2023/11/15/what-happens-if-you-hold-in-farts

Whelan, C. (2020, 22 september). *Waarom maken uien je aan het huilen? Enzymen, behandelingen & meer.* Healthline. https://www.healthline.com/health/why-do-onions-make-you-cry

Whitcomb, I. (2022, 18 juli). *Waarom krijgen we kippenvel?* Live Science. https://www.livescience.com/32349-what-causes-goose-bumps.html

Waarom zijn mensen kietelig? (2024, 30 mei). Cleveland Clinic. https://health.clevelandclinic.org/why-are-people-ticklish

Waarom onthoud ik nutteloze informatie in plaats van nuttige informatie? (2018). The Naked Scientists. https://www.thenakedscientists.com/articles/questions/why-do-i-remember-useless-information-over-useful-information

Waarom lachen we als iemand valt? (2011, 14 februari). University of Cambridge. https://www.cam.ac.uk/news/why-do-we-laugh-when-someone-falls-over

Waarom vinden we onze eigen scheten lekker ruiken? (2014, 9 november).   ScienceAlert.   https://www.sciencealert.com/watch-why-do-we-like-our-own-farts

Waarom niezen we? (2021, 16 juni). Williams Integracare Clinic. https://integracareclinics.com/why-do-we-sneeze/

Waarom knappen je oren in vliegtuigen? (2025). Royal Society Te Apārangi. https://www.royalsociety.org.nz/150th-annivers ary/ask-me-questions/why-do-your-ears-pop-in-planes/

Waarom knappen je oren in een vliegtuig? En andere vliegvragen beantwoord. (2022, 5 augustus). BBC Bitesize. https://www. bbc.co.uk/bitesize/articles/zvcd7v4

Waarom schokt mijn lichaam voordat ik in slaap val? (voor tieners). (z.d.). Nemours Teens Health. https://kidshealth.org/en/teens/sleep-start.html

Waarom valt mijn voet in slaap? (voor kinderen). (2025). Kids Health. https://kidshealth.org/en/kids/foot-asleep.html

Waarom klinkt je stem anders op een opname? (2013, 14 september).   *BBC.*   https://www.bbc.com/future/article/20130913-why-we-hate-hearing-our-own-voice

Waarom we trivia onthouden: De wetenschap van het geheugen. (2024, 21 oktober). *The Sporcle Blog.* https://www. sporcle.com/blog/2024/10/why-we-remember-trivia/

Winchester, S. (2003). *Krakatoa: De dag dat de wereld ontplofte.* Harper Collins.

Zoppi, L. (2020, 17 juli). *Wat u moet weten over ochtendadem.* Medical News Today. https://www.medicalnewstoday.com/articles/morning-breath